数字出版平台与
数字图书馆融合研究

李德升　许　波　张　珑／著

图书在版编目(CIP)数据

数字出版平台与数字图书馆融合研究 / 李德升，许波，张珑著. — 北京：知识产权出版社，2024.3
ISBN 978-7-5130-9037-7

Ⅰ.①数… Ⅱ.①李… ②许… ③张… Ⅲ.①电子出版物—出版工作—研究②数字图书馆—研究 Ⅳ.①G237.6②G250.76

中国国家版本馆CIP数据核字(2023)第248661号

内容提要：

本书从资源融合的角度入手，对数字出版平台与数字图书馆资源融合、技术融合、服务融合的可行性进行了深入分析，探讨如何实现服务资源的整合与优化，提出切实可行的资源融合策略；利用国家数字图书馆实际案例，将理论融入实践，构建数字出版平台与数字图书馆的融合模型与功能互构路径，探讨不同功能之间的关系，以期为数字出版平台与数字图书馆的进一步融合发展提供理论与实践的支持，实现资源共享、提升数字资源的利用效率，为用户提供更便捷、个性化的服务。

本书可作为数字出版与数字图书馆相关研究人员、从业者的参考用书。

责任编辑：阴海燕　　　　　　　　　　　　责任印制：孙婷婷

数字出版平台与数字图书馆融合研究
SHUZI CHUBAN PINGTAI YU SHUZI TUSHUGUAN RONGHE YANJIU
李德升　许　波　张　珑　著

出版发行：知识产权出版社有限责任公司		网　　址：http://www.ipph.cn	
电　　话：010-82004826		http://www.laichushu.com	
社　　址：北京市海淀区气象路50号院		邮　　编：100081	
责编电话：010-82000860转8693		责编邮箱：laichushu@cnipr.com	
发行电话：010-82000860转8101		发行传真：010-82000893	
印　　刷：北京中献拓方科技发展有限公司		经　　销：新华书店、各大网上书店及相关专业书店	
开　　本：710mm×1000mm 1/16		印　　张：11.5	
版　　次：2024年3月第1版		印　　次：2024年3月第1次印刷	
字　　数：168千字		定　　价：68.00元	

ISBN 978-7-5130-9037-7

出版权专有　侵权必究
如有印装质量问题，本社负责调换。

前　言

出版和图书馆都有着悠久的历史。出版的兴起与繁荣使知识内容得以在载体上附着并流传。而图书馆的建立和普及使得出版物所承载的知识惠及大众。出版与图书馆从诞生起就有着千丝万缕的联系。随着计算机和网络技术的发展，数字化和网络化成为出版单位和现代图书馆业务发展的必然趋势。数字出版新业态和数字图书馆新形态逐步融入人们的日常生活，我们生活在一个融合出版与融媒体阅读时代。

2015年4月，国家发布《关于推动传统出版和新兴出版融合发展的指导意见》，提出创新内容生产和服务、加强重点平台建设、拓展内容传播渠道、拓展新技术新业态等八大任务，其指出要推动建立国家级的系列平台，推进数字出版各流程平台化发展，并鼓励平台间开放、互通、共享。《出版业"十四五"时期发展规划》也提出要实施数字化战略，强化新一代信息技术支撑引领作用，引导出版单位深化认识、系统谋划、有效整合各种资源要素，创新出版业态、传播方式和运营模式，推进出版产业数字化和数字产业化，大力提升行业数字化、数据化、智能化水平，系统推进出版深度融合发展，壮大出版发展新引擎。而数字图书馆作为最大的文献内容传播渠道，对数字化资源、数字化平台及数字化服务的需求也是不言而喻的。因此，推动数字出版平台与数字图书馆的融合，探索其在资源、技术和服务层面互融互通的可行性，以及构建融合模型，从而推动数字资源的更有效生产、传播和利用，成为文化产业界普遍关注的问题。

首先本书从资源融合的角度入手，对数字出版平台与数字图书馆资源融合的可行性进行了深入分析，并通过梳理二者在资源生产、存储、配置、传播等方面的异同点，提出了一系列切实可行的资源融合策略，旨在实现资源共享、提升数字出版平台和数字图书馆数字资源的利用效率。其次，本书进一步探讨了技术融合的相关问题，如数字出版平台和数字图书馆的技术共通性；同时探讨了现有技术在融合过程中应用的可行性，以及未来技术发展对融合的影响。再次，本书重点关注数字出版平台与数字图书馆的服务融合，通过比较分析两者的基础设施、服务模式、用户需求和服务体验，探讨如何实现服务资源的整合与优化，为读者提供更便捷、个性化的服务。最后，本书基于上述研究从资源、技术、服务层面构建数字出版平台与数字图书馆的融合模型与功能互构路径，探讨不同功能之间的关系，以期为数字出版平台与数字图书馆的进一步融合发展提供理论与实践的支持。

本书旨在为数字出版与数字图书馆相关研究人员、从业者提供一定的实践参考。数字出版与数字图书馆的融合发展过程中会遇到人才、技术、版权或资源方面的种种问题，由于精力与篇幅所限，难以一一展开。未来的热点将会出现在"成立数字出版联盟平台""深入开发特色资源""统一技术规范标准""加强知识产权保护""整合人工智能模型"等领域，也期待学界业界同人共同展开进一步研究。

本书前期进行了大量的调研，如专家访谈等准备工作，期间数易其稿。本书由李德升负责整体统稿，具体分工如下：李德升(第1章、第3章、第7章的7.1节、结语、附录，共计6.37万字)；许波(第4章、第5章、第7章的7.3节和7.4节，共计5.26万字)；张珑(第2章、第6章、第7章7.2节，共计5.17万字)。因时间仓促、水平有限，本书还存在许多疏漏与不足之处，希望读者不吝赐教，提出宝贵意见和建议。

李德升

2024年1月于北京印刷学院

目　　录

第1章　绪　论 ·· 001
　1.1　研究背景与意义 ··· 003
　1.2　概念界定 ·· 006
　1.3　研究思路与内容 ··· 007
　1.4　研究方法与创新点 ·· 009

第2章　文献回顾与理论基础 ·· 011
　2.1　文献回顾 ·· 013
　2.2　理论基础 ·· 031

第3章　数字出版平台与数字图书馆的资源融合可行性分析 ················· 047
　3.1　数字资源生产路径分析 ·· 049
　3.2　数字资源配置特点分析 ·· 055
　3.3　数字资源传播模式分析 ·· 059
　3.4　小结 ·· 065

第4章　数字出版平台与数字图书馆的技术融合可行性分析 ················· 067
　4.1　数字出版平台与数字图书馆的关系 ··· 069
　4.2　数字出版平台的支撑技术分析 ·· 070
　4.3　数字图书馆的应用技术分析 ··· 071
　4.4　数字出版平台与数字图书馆的共有技术 ·································· 074
　4.5　数字出版平台与数字图书馆的技术融合分析 ···························· 077
　4.6　小结 ·· 086

第5章　数字出版平台与数字图书馆的服务融合可行性分析 ················· 091
　5.1　基础设施分析 ·· 094

5.2 服务方式分析 ···095
5.3 用户需求特性分析 ···102
5.4 提升用户体验满意度与服务质量需要两者融合 ···············107
5.5 小结 ···109

第6章 数字图书馆融合案例研究——以中国国家数字图书馆为例 ·······113
6.1 中国国家数字图书馆的资源融合分析 ···························116
6.2 中国国家数字图书馆的技术融合分析 ···························118
6.3 中国国家数字图书馆的服务融合分析 ···························120
6.4 小结 ···123

第7章 数字出版平台与数字图书馆的融合模型与功能互构路径 ·······127
7.1 数字出版平台与数字图书馆的融合模型 ························129
7.2 数字出版平台与数字图书馆资源互构路径 ·····················132
7.3 数字出版平台与数字图书馆技术互构路径 ·····················136
7.4 数字出版平台与数字图书馆服务互构路径 ·····················141

结　　语 ···147
附录　专家访谈报告 ···149

第1章 绪 论

1.1 研究背景与意义

1.1.1 研究背景

进入 21 世纪以来,随着信息技术的发展与互联网的普及,人工智能、云计算、大数据、移动互联等新兴技术在多个领域得到广泛应用。作为文化事业发展的支撑产业,出版产业数字化发展的步伐也在逐步加快。2014年,中央全面深化改革领导小组第四次会议审议通过了《关于推动传统媒体和新兴媒体融合发展的指导意见》,提出"强化互联网思维,坚持传统媒体和新兴媒体优势互补、一体发展,坚持先进技术为支撑、内容建设为根本,推动传统媒体和新兴媒体在内容、渠道、平台、经营、管理等方面的深度融合"。传统媒体和新兴媒体协同发展作为国家战略被提上日程,数字出版产业日新月异、迅猛发展。作为国家扶持的新兴产业,数字出版在市场规模和占有率上已经能与传统出版分庭抗礼,资源种类各异、服务方式多样的数字出版平台纷纷崛起。

随着各类型数字阅读终端的普及,数字出版物已经越来越广泛地走进人们的生活,国民数字阅读人数也在逐年增加。数字图书馆作为一种独特的图书馆形态,已经成为国家信息基础建设的重要组成部分,它存储了海量数字资源,能够以多种形式向广大读者呈现多元化的内容,吸引着越来越多的读者走近数字阅读。同时,知识产权法、图书馆法等法律法规的日益完善,也推动数字资源在市场规律和社会规范中形成一种既保护知识生产者利益,又促进资源共享的模式。数字图书馆对于完善我国公共文化服务体系,满足人民日益增长的文化需求,推动社会主义文化大发展起到了非常重要的作用。

数字出版平台、数字图书馆作为数字资源的生产方与需求方,在知识信息生产传播的产业链上属于上下游关系,相互影响、相互促进。数字出版平台是数字图书馆数字馆藏建设的资源支撑,数字图书馆是数字出版内容的重要载体和传播渠道,数字出版产业的繁荣将推动数字图书馆馆藏资源的多样性,而数字图书馆需求的多元化将促进数字出版资源生产内容与方向的更新与调整。数字出版平台与数字图书馆借助信息技术和网络渠道,在满足用户群体信息需求的基础上实现了优势互补,也促进了两者的协同发展。

1.1.2 研究意义

(1)数字出版平台与数字图书馆的融合研究符合社会大环境需求,是推动相关政策落地的有效探索。政策支持是促使数字出版与数字图书馆健康发展的必要基础,2015年国家新闻出版广电总局、财政部联合签署意见对媒体融合发展提出要求,2016年我国第十三个五年规划纲要(2016—2020年)中首次将"数字出版"写入国家发展战略,并将其上升到全新高度。自2011年起,连续十年召开的数字出版与数字图书馆融合发展国际研讨会更是推动二者的融合研究走向黄金时期。诸多数据调查显示,我国传统纸质出版物的市场需求持续降低,数字阅读的需求和数量不断增加,加之有关数字技术、内容、服务的日益更新,数字发行和数字阅读前景更加光明。在推动数字阅读普及、提高资源共享路径上,如何保证科学、有效与公平,使国家政策落到实处,仍需要大量细致的工作与深入研究。数字出版平台与数字图书馆融合研究,将在数字资源如何更有效地被用户使用方面提供自己的模式与建议。

(2)数字出版平台与数字图书馆的融合研究充分考虑二者的营利性与公益性的关系,从内容、技术、服务等方面提出基于数字资源融合路径,满足用户需求。数字资源作为数字出版和数字图书馆共同关注、共同拥有的内容,是二者发展的共同基础。数字出版和数字图书馆二者在文献信息的数据加工、协同编纂、资源管理、在线发布等方面具有高度的生产流程相似性,同时又都是数字资源的主要运营者。以营利性、独占性为导向的数字出版平台和以公益性、共享性为导向的数字图书馆在产业链条中上下相互影响,很难彼此割裂、各自发展,因此研究二者在信息资源上的融合与互构是有重要的理论与现实指导意义的。在数字化及媒体融合的趋势下,数字出版平台与数字图书馆的跨界融合应着眼于二者的内容资源、技术源流、社会服务模式等几个方面的研究,以期寻求数字出版平台与数字图书馆共享共用的有效融合路径,进一步满足用户需求。

基于此,本研究期望在学术价值和应用价值方面有所贡献。

(1)在学术价值方面。数字出版平台和数字图书馆有着共同的工作对象——数字资源。在产业链中,它们之间是上下游的关系,同时,二者在文献生产与使用的流程中,一些界限逐步模糊,出现了互相交叉的趋势。本研究针对二者的共同要素与各自特殊的关键环节进行研究分析,力求系统探究二者深入融合的机理与机制,进一步丰富数字环境下的图书馆学理论与出版(传播)学理论。

(2)在应用价值方面。虽然在学科划分上图书馆学与出版(传播)学分属不同门类,但在行业实践中,数字化日益发展的今天,二者的工作对象、工作方式、工作方法与行业环境日益接近。信息资源生产的方式、方法、质量等直接影响到其传播的效率与效用。本书认为,二者将产生相互影响的重新构建,互构后的业务流程与要素组织形式,对于实践中的馆社合作、信息

(知识)资源的组织与利用具有可操作意义的指导作用;其成果也将为相关部门制定公共政策提供具有实证意义的依据。

1.2 概念界定

1.2.1 数字出版平台概念界定

数字出版是指利用信息技术进行内容编辑加工,并通过互联网技术传播数字内容产品的一种数字化、网络化出版方式。它强调内容的数字化、管理过程的数字化、生产规模和运作流程的数字化、传播载体与产品形态的数字化、阅读消费与学习形态的数字化等。

数字出版平台是承载数字出版生产流程、产品发布的平台,对于社会活动而言,它是一个营利或经营性机构;对于出版企业来说,它是一个系统;本研究将它看作一个实现数字出版各项功能的集合体,即一种集生产、管理、传播功能于一体的系统。

1.2.2 数字图书馆概念界定

数字图书馆是运用数字技术处理和存储各种图文并茂文献信息的虚拟图书馆。它实际上是一种多媒体制作的分布式信息系统,不仅可以作为跨知识库和智能检索的知识中心,而且也是网络环境下创建数字资源搜集、定义以及加工、处置、保存和服务的系统,旨在实现数字资源的最大共享。

遵循与数字出版平台同样的原则,将数字图书馆放到社会活动中,它是一个非营利性机构;而从信息资源组织角度来看,它是一个对数字资源进行收集、存储、组织、利用的分布式信息系统。

1.2.3 数字资源概念界定

数字资源是文献信息资源的表现形式之一,是将计算机技术、通信技术及多媒体技术相互融合而形成的以数字形式发布、存取、利用的信息资源总和。同印刷型文献相比,数字资源类型更为丰富。从数据的组织形式上看,有数据库、电子期刊、电子图书、网页、多媒体资料等类型。按存储介质可分为磁介质和光介质两种类型。按数据传播的范围可分为单机、局域网和广域网等类型。从资源提供者来看,可分为商业化的数字资源和非商业化的数字资源等类型。

1.3 研究思路与内容

1.3.1 研究思路

本书在国内外相关研究的基础上,从分析信息资源的生产与传播机理入手,运用适当的研究方法,如文献调查法、问卷调查法、专家调查法、案例分析法等方法探究数字出版平台与数字图书馆的边界问题,讨论其关键要素的融合现象与趋势;进而将同质性要素或者流程环节进行梳理,探讨其互相影响、重新构建的途径,最终建立一个数字出版平台与数字图书馆融合而成的整合模型。具体研究思路与技术路线如图1-1所示。

图 1-1 研究思路与技术路线

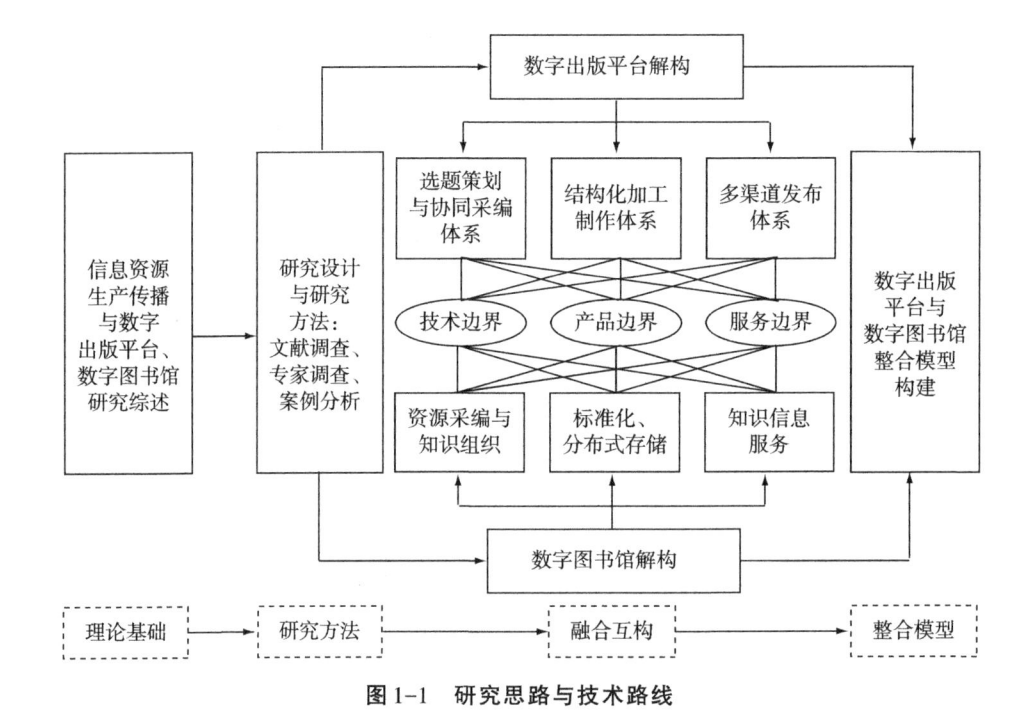

1.3.2 研究内容

(1)数字出版平台与数字图书馆的融合要素分析。在产业经济学中,不同产业的边界划分有明确的依据和指标。由于生产、传播产品的技术手段、运作方式、网络平台不同而形成技术边界;由于产品或服务在满足用户(读者)的不同需求、产品服务之间存在不同功能和特性而形成业务边界;由于不同机构在各自业务范围内生产、传播产品,面对的是不同的市场需求而形成市场边界。本书将研究数字出版与数字图书馆的技术、业务、市场服务三方面的融合。

(2)数字出版平台与数字图书馆的融合路径探求。数字出版平台与数字图书馆在相互影响的基础上重新架构其适应当前与未来环境需求的行业范式。在融合要素研究基础上,探究同质性要素的工作机理与重组机制,如边界重合要素是否集中于一个行业,边界模糊要素是否各有分工,边界偏离要素是否加强标准合作等,提出符合中国管理情景的发展路径。

(3)数字出版平台与数字图书馆整合模型构建。数字出版平台与数字图书馆在各要素深入融合后将建立新的运行范式,本书在研究新运行范式的基础上,力求构建出数字出版平台与数字图书馆整合模型。在模型中探究二者信息功能、知识服务功能、版权功能与扮演角色等方面的融合,提出二者深入合作的三条路径。

1.4 研究方法与创新点

1.4.1 研究方法

(1)文献调查法。在文献信息生产与传播的机理研究部分,基本使用本方法。文献主要来源于各种数据库及网络资源,如 ABI 商业信息数据库(ABI/INFORM Complete)、UMI 学术期刊图书馆数据库(Academic Research Library)、UMI 博硕士论文数据库、NSTL 国家科技图书文献中心数据库、中国知网(CNKI)、万方数据库、维普中文科技期刊数据库、人大复印报刊资料等。通过手工和计算机检索相结合,进行文献的分析、归纳和综合,在研究国内外现有成果的基础上形成支撑本项目研究的新的、系统的理论分析。

(2)专家访谈法。利用目前较为常用的德尔菲法,针对有经验的数字编辑人员、数字图书馆员以及这两方面的专家、学者进行深入访谈,了解各自行业的标准和本质要求,用以识别两个行业业务中的关键融合要素;也为厘清数字出版与数字图书馆的界限提供依据。专家形成的最终意见对融合要素识别具有专业的学术支撑。

(3)案例分析法。对数字出版企业、数字图书馆、互联网信息生产商的融合案例进行深入的解剖、对比和分析。通过对国家数字图书馆的深入分析,结合其面向社会开放的项目,结合对融合模式的创新分析,为理论模型提供实践支撑。

1.4.2 研究创新点

在理论观点、应用研究等方面将产生特色和创新之处。

(1)充分论证了数字出版平台与数字图书馆的融合机制,提出符合中国管理情景的融合路径,二者要素的互构将形成新的整合工作机制与行业规则。

(2)提出面向数字资源整合的行业发展解决方案,即有效整合数字出版平台与数字图书馆技术要素,界定行业边界,形成新的整合模型,以期为社会提供更有效服务。

第 2 章
文献回顾与理论基础

数字图书馆(digital library)与数字出版(digital publishing)概念都起源于20世纪中叶之后,在较长时间里,二者的称谓不断变化,基于数字资源(知识内容)的理论与实践发展也沿着各自的路径前行,进入21世纪,中外数字图书馆与数字出版平台都进入了快速爆发阶段,借助互联网与信息技术的支撑,二者的融合趋势日渐明显,而融合形式与机制的研究明显落后于产业实践。

2.1 文献回顾

2.1.1 数字出版平台、数字图书馆基础理论研究

1. 数字出版平台、数字图书馆国内相关研究

(1)关于数字出版业态及平台的相关研究。相对于国外,国内数字出版提出较早而且比较明确。早在2000年,我国电子出版业初具规模且发展态势良好,这引发赖茂生[1]对于电子出版物的优势及知识产权保护的思考:电子出版物在内容和功能方面有可获得性好、信息集成度高、表现力强和方便易用的明显优势;知识产权问题之于电子出版物需要受到更大程度的重视,因为在制度的完善及公民权利意识增强的前提下,未来情况会有所变动;同时,基于国际上电子出版物的数字化趋势,我国电子出版业在上升阶段需要及时调整发展策略,以接轨国际大趋势,由此找到从电子出版到数字出版的路径。聂震宁[2]在研究各国数字出版态势的过程中,发现我国传统出版业及数字出版的发展趋势与各国基本一致,数字出版对传统出版业的"威胁"让数字出版的发展呈现不可逆转的趋势;但与成熟的传统出版相比,数字出版距离形成成熟的产业链还需要走很长的路,如当前面临着版权、标准化、品牌影响、渠道建设、人才等诸多问题。因此,数字出版在21世纪第一个十

年迅猛发展,但是距离成熟业态还有很远的距离。手机出版等新载体的出版模式也为人们所关注。郝振省[3]认为基于手机出版行业蓬勃现状及媒体融合化趋势的出现,传统出版社的发展需要具有紧跟时代的意识,并有所创新,才能顺应时代发展趋势。受众群体数量的扩大、产业技术的成熟、内容资源的易开发性作为手机出版的拐点,将为手机出版的发展注入新鲜的血液。数字出版的产业链问题也被刘灿姣、黄立雄[4]论及。目前我国数字出版产业链整体上不协调,数字出版产业链面临政策体制不健全、产业环节不协调、技术标准不统一、版权保护薄弱等问题。国家必须对其内容、渠道、技术、资本进行有效的整合才能真正加速数字出版的发展,有力地参与国际竞争。目前多数研究文献集中在数字出版与传统出版融合、版权问题、新技术应用等方面。王丽敏[5]介绍了按需出版的产生背景、特点和发展现状,分析了按需出版模式给图书馆带来的重要影响,其中包括提高用户服务的效率和及时性,使用户的自助出版服务成为可能,加速图书馆服务的个性化;对于馆藏文献资源,按需出版解决了图书缺藏问题,促进了图书馆特色馆藏文献资源建设。而以数字资源建设为基础的国家数字复合出版工程为国内数字出版提供了全面发展的契机。孙卫、凌锋、张秀梅[6]对数字出版的模式、数字出版过程中的内容管理与知识管理、在线采编等问题进行深度分析,并结合国家数字复合出版系统工程的研发实施,分析了数字出版子系统的组合需求、数字复合出版标准体系等问题。

(2)关于数字图书馆的相关研究。国内数字图书馆的研究基本沿着国外发达国家的研究脉络,从引进、借鉴到逐步创新。20世纪90年代末与21世纪初,我国学者王知津、王琼[7]、曾蕾、张甲、杨宗英[8],李培、魏闻潇[9]开始全面借鉴国外成果,并重点关注数据资源的建设。在研究数字图书馆及其对技术服务的影响时,学者论述了图书馆技术服务环境的变化。从需要制定新的文献选择标准,选择和采访工作的难度,引进新思想、新概念并建立新的采集模型及"按需出版"改变采购方式等方面,论述了数字图书馆对

第 2 章 文献回顾与理论基础

文献选择与采访的影响。具体内容如下：电子信息资源的增加促进了新的文献选择标准的制定，文献选择和采访的新思想、新概念的引进，以及采购方式的变动。有学者提出，编目工作量的减少和电子信息资源的增多，对编目人员知识和技能的提高提出了更高的要求，同时网络的发展和建设需要图书馆员和图书馆界的参与。孙坦[10]研究了数字图书馆的理论与元数据标准问题。

数据资源的建设一直是数字图书馆的核心问题，在数量增长的基础上也要不断升级。学者们以较多的项目和实例为基础，对数字图书馆概念的形成、演变与发展、数字图书馆的功能、资源、内容、服务模式、体系结构等进行阐述；对在数字图书馆研究开发过程中面临的理论与技术问题进行分析和讨论；在国内外有关数字图书馆的研究的基础上，提出了目前发展数字图书馆所面临的困难，以及传统图书馆在当下的发展态势中进一步变革与创新的路径。

数字图书馆的知识产权保护也引起了业界关注。邱均平等[11]针对当下数字图书馆的新特点和网络化环境，从有关知识产权法律出发，较详细地论述了数字图书馆的域名权、网页版权和信息资源数据库的知识产权保护问题，并得出以下结论，即必要的技术措施是对数字图书馆权益的法律保护的重要补充，在网络化环境下，法律措施与技术手段相结合将是数字图书馆知识产权保护的显著特点和发展趋势。数字图书馆建设中应该遵循开放描述和标准应用的原则、方法。秦珂[12]在其研究中认为，我国数字图书馆标准规范建设应该系统化和实用性相结合，采取合作、开放、工程化和规范化方式。其实施原则应包括系统性、实用性、合作性、开放性、工程化、规范化。秦珂认为这是我国数字图书馆一项长期任务，需要在一项长期框架下建立分期目标及任务框架，实行阶段推进。张晓林、肖珑、孙一刚等[13]以泛在知识环境下数字图书馆发展方向与发展战略为逻辑起点，分析研究了泛在知识环境下数字图书馆渐进与渐变的路径，也就是从信息管理到知识管理的过程。毕强、韩毅[14]认为数字图书馆知识构建的空间方法影响着未来图书馆的结构。近期的研究主要集中于大数据环境,云服务与云计算环境等方面。在大数据环境的研究中,陈传夫等[15]在分析大数据的特点及数字图书馆之建设成绩的基础上,指出大数据时代国际环境、科学研究、创新主体、用户需求、新技术等方面的变化给数字图书馆的资源组织、信息服务、成本管理带来的挑战,并就推动我国数字图书馆建设,实现大数据管理实践提出战略性建议,包括改进资源选择、整合与保存方式;发展新型数字知识服务;完善财政投入机制;规避知识产权风险。在云服务和云计算环境中,马晓亭、陈臣[16]在研究云计算环境下数字图书馆云服务模式与云服务平台构建需求的基础上,提出了一种面向云计算的数字图书馆高性能云服务平台构建策略。该策略可依据读者需求有效扩展云服务平台的服务内容、功能、方法和途径,能够为读者提供安全、高效、快捷、经济的云个性化阅读服务。李梅珍[17]认为数字图书馆"云服务"模式的构建,是图书馆领域革新服务模式的一次积极尝试。这种全新服务模式的构建不仅能够达到降低运营成本、提升社会效益的目的,也有助于图书馆实现知识服务创新。但目前对图书馆"云服务"的研究时间还比较短,在建设方面还存在资源整合效率低、安全性不高等问题。相信随着云计算技术的发展,未来数字图书馆将提供更为优质、高效的"云服务",用户也可以更加便捷地享受云端资源。刘兹恒、涂志芳[18]在学术图书馆新形态的研究中提出,在数字学术环境下,大学与研究图书馆的空间、资源、服务将会有所变化。学者主要结合国内外的现状,分析了学术图书馆的演变过程,从特定角度呈现数字学术环境下图书馆的资源建设现状,分析图书馆用户服务的新内容。若以提升资源建设和服务水平为基础,空间、资源和服务在互动中就能够为图书馆的可持续发展注入新鲜血液。对提升学术图书馆在数字学术环境下的可持续发展能力提供了重要的参考。

2. 数字出版平台、数字图书馆国外相关研究

(1)关于数字出版平台的相关研究。国外关于数字出版的概念源于电子出版(electronic publishing),由尤科特(Urqart)于1978年在卢森堡"科技社会的出版未来"研讨会上提出。近年,网络出版(web publishing)也在个性化出版和学术出版领域流行。迈克尔·布朗(Michael Brown)[19]在对LIBRARIAN. NET 的创始人杰萨姆·韦斯特(Jessamyn West)的访谈总结中,从图书馆馆员的角度提到了标签对于在线出版的重要性。实际上,数字出版(digital publishing)一词在国外没有明显、集中的学术概念界定,在第十届年度社会信息学研究研讨会中,展示了当时的丰富研究和正在进行的研究,仅稍微提到了相关的数字信息相关的概念。[20]在数字内容管理和数字内容产业方面,加尔·奥斯特莱歇-辛格和利奥尔·扎尔曼森(Gal Oestreicher-Singer, Lior Zalmanson)[21]认为数字商业模式对于一些对社交媒体采取战略公司依旧可行,这些公司将社交媒体整合到消费和购买体验中,而不是仅仅将其用作代替线下营销的工具。他们的研究提供了将数字内容与数字内容产业融合的重要性的新证据,并在此过程中为数字内容行业更广泛的战略路径奠定了基础。他们的成果基本代表了当前数字出版的行业问题与商业问题。

(2)关于数字图书馆的相关研究。美国科学界较早出现了数字图书馆的构想,范内瓦·布什(Vannevar Bush)[22]1945年提出基于计算机技术的传统图书馆文献的储存、查找机制——首先必须有能及时得到所需信息的设备,其次用户通过自己的检索手段来获取这些文献信息。随之,电子图书馆的概念与前景讨论在英国、美国等西方国家逐渐兴起,1978年兰卡斯特(Lancaster)[23]认为随着书刊信息数据库的普及、信息检索及技术的进步、电子计算机使用成本的降低,记录信息的机器可读处理正在增大,在不久的将来将确立"无纸"的信息系统。纸质文献是否真的会消亡的话题开启了数十年的争论之门。1942年道林(Dowlin)等[24]认为使用电子技术、管理信息资源被

认为是电子图书馆基本要素。1988年,《国际合作白皮书》中提出了数字图书馆的概念;人们开始将网络概念引入图书馆界,此时图书馆已经不再是一个单个的实体。[25]网络将远程数据资源(文献信息)纳入馆藏范畴,因此虚拟图书馆概念也开始被提出、传播。[26]此后,基于各国政府的数字图书馆行动与政策及新技术发展,数字图书馆理论持续发展。而Web2.0概念出现之后,其成为业界讨论的新动向。保罗·米勒(Paul Miller)[27]认为Web2.0的出现可以被视为包含进化和革命的同等部分。一方面,它通过使用HTML、URI和HTTP等标准及无处不在的Web浏览器,增加了很多便利。另一方面,它也对传统业务模式构成了新的挑战。如上所述,Web2.0是参与式的。这种参与通常被认为是最终用户的一部分。然而,对于图书馆、图书馆系统供应商、出版商、标准机构、政府机构来说,没有哪一方能独自完成这一切,因此需要合作。进入21世纪,数字图书馆与用户研究、开放存取的知识库[28,29]、数字资源建设等受到了广泛关注。马克里(Makri)、布兰福德(Blandford)等[30]介绍了信息行为(IB)方法——两种新的、专门的评估电子资源的方法,即互联网搜索引擎到数字图书馆索引。通过讨论两个案例来说明IB方法的使用,这些示例说明了如何使用这些方法来评估LNB(Lexis-Nexis Butterworths)的当前公共版本的功能性和可用性。LNB是一种广泛使用的电子法律资源,可供世界各地的学术机构和律师事务所使用。最后讨论使用这些方法的好处和局限性。左克(Tzoc)[31]认为互联网催生了出版业的新模式,进而影响了教育并改变了教学和学习的格局,电子出版、数字人文和数字学术等新流行语的引入继续挑战着知识的学术生产和传播。这些变化也为包括研究人员、学者、学生、技术人员、图书馆员等在内的多学科群体之间的合作创造了新的机会。在数字图书馆与版权方面,缪尔(Muir)[32]在研究数字学术图书馆发展的过程中,回顾了过去25年中版权在英国数字学术和研究图书馆发展中的作用,参考政策文件、立法审查和法规、项目文件和项目综合,发现版权相关问题对数字图书馆的发展提出了挑战。开放许可的日益增长趋势为图书馆带来了新的角色,也为出版平台带来了挑战和新的商业机会。目前尚不清楚英国未来的版权和研究政策是什么,但有可能继续改善学术资源和研究的获取,数字图书馆和出版平台的角色将不断演变且持续面临新的挑战。

2.1.2 数字出版平台与数字图书馆融合的相关研究

关于二者融合研究的文献,国外明显少于国内。国内的研究基本可以从资源、技术、服务三方面加以概括,而国外只有一些专业领域论述了数字出版在馆藏建设中的作用。

1. 数字出版平台与数字图书馆融合的国内相关研究

(1)数字出版平台与数字图书馆资源融合相关研究。李晓飞[33]研究发现,数字图书馆和数字出版的研究热点主要集中在以下几点:一是研究数字化、资源建设、资源整合、数字出版等数字资源建设情况;二是研究大数据、智慧图书馆、移动图书馆、云计算等数字图书馆相关技术及应用;三是研究关于数字图书馆的服务,如数字人文、数字阅读、图书馆服务、阅读推广、知识服务等内容;四是研究以图书馆联盟为基础,通过图书馆联盟实现共建共享、协同服务、关联数据、数字出版、开放存取等数字资源建设和服务;五是研究数字资源合理使用相关问题。

在数字出版与数字图书馆的资源融合方面,方勇[34]认为数字出版的出现必然会对图书馆的发展带来深远的影响,并从多个维度分析了数字出版对图书馆的影响,其主要结论如下:馆藏资源结构方面,馆藏文献将会多元化发展,而电子书将成为馆藏资源的主要结构;文献采集方式方面,网上信息的搜集、制定出文献采购策略有针对性采购本馆所需文献将成为图书馆的重要工作;管理工作方面,数字出版技术的应用对图书馆的软硬件提出更高的要求,数字图书馆将成为图书馆的发展方向,除足够经费保证外,实行集约化管理对图书馆的发展也极为重要；服务内容和方式方面数字化图书馆将发挥其交互性，为读者提供更优质的服务，读者获取信息也将不受运营时间和空间的限制，服务对象和空间将进一步拓展。目前来看，数字出版与数字图书馆的资源融合正朝着这个方向发展。孙瑞英等[35]运用"博弈理论"分析了大小图书馆文献信息资源共享过程中的决策过程，建立了文献信息资源共享的博弈模型，指出了文献信息资源共享的"囚徒困境"。他们在此基础上，分析出由于每个图书馆只追求个体效用的最大化的非良性竞争形成了两败俱伤的"囚徒困境"，并提出以下解决措施：建立图书馆共享联盟内部互信机制，促进联盟成员相互信任；引入惩罚机制可以有效抑制成员馆的投机行为；制定对各成员馆具有约束力的措施或规范，赏罚分明，从而调动采用共享策略成员馆的积极性；加强文献信息资源共享的管理机制设计，使信息资源共享博弈在符合共享目标处达到均衡，图书馆联盟集体效用最大化。这些才是破解图书馆共享联盟文献信息资源共享"囚徒困境"的方法。他们还设计了三种管理机制：长效机制、惩罚机制和信息用户侦查机制。这三种管理机制相互作用、互为补充，促进文献信息资源共享合作。冯宝秀、杨惠芳[36]认为，两者都是从事数字资源的组织、建设和提供服务的机构，数字出版以营利为目的的经营模式和数字图书馆服务的公益性相互矛盾，公众巨大的数字阅读需求推动二者的相互依存与发展。他们认为数字出版和数字图书馆协同发展的基础是社会公众的数字阅读需求和对技术的支持和数据格式统一的需求，同时意识到由于各数字运营商之间技术壁垒、版权保护和利益分割等问题使得双方参与者在资源和技术的融合方面有着难以逾越的鸿沟。最后他们还就数字出版和数字图书馆共同发展的机制提出以下建议：重新定位数字出版与数字图书馆的功能，建立健全数字版权、行业规范等法律制度的保障，对各种利益进行合理的分配，建立有效的数字出版与数字图书馆协同发展机制。范广秀[37]认为网络出版资源已经逐渐成为高校图书馆文献信息资源的重要来源和途径，其发展直接影响图书馆文献信息资源的建设、读者服务的质量。在对网络出版资源进行充分分析的基础上，探究了高校图书馆在应用网络出版资源时对传统工作方式的影响，对文献资源建设的影响，以及网络出版资源的储存、管理和服务等关键问题。并提出了以下解决对策：改变传统的管理服务观念，在新形势下，找到适合自身生存发展的道路；大力加强全文型出版资源数据库的建设，实现管理、储存的便捷性；加大对检索型网络出版资源的采购力度，满足读者的多样化需求；提升图书馆的集成式读者服务，满足读者不同特点的个性化需求。牛晓宏[38]的论文从价格竞争、资源竞争、读者竞争和服务竞争四个方面分析了数字出版机构与数字图书馆之间的竞争关系，并通过分析数字化阅读的需要、统一技术标准的需要、数字版权保护的需要，探讨了数字出版机构与数字图书馆合作的必要性和可行性，并针对数字出版产业链中不同类型的数字出版内容提供商、平台运营商、技术开发商和终端分销商分别分析图书馆与之合作的对策。其中，内容提供商与图书馆的合作要以数字内容资源的馆配供给为主，可以开展这些基本数据的共享合作。平台运营商与图书馆在合作之初应协商制定互惠协议，这是一个行之有效的措施，可以利用各自的优势构建数字资源平台，创造资源优势。技术开发商与图书馆的合作离不开技术开发商的技术支持，以帮助图书馆充分利用馆藏资源优势，建立社区型自助出版。刘兹恒、涂志芳[39]指出学术图书馆参与数字出版能够给教师、学生等用户带来诸多潜在效益，为自身发展争取更好的环境和更多的机会。其中，作为资源的聚集中心，学术图书馆拥有大量的馆藏资源并可充分获取丰富的数字资源，尤其对于拥有机构知识库的学术图书馆而言，机构知识库所存储的内容丰富、形式多样的资源是图书馆进行数字出版的一种得天独厚的优势。图书馆能够以多元身份参与数字出版，如图书馆作为内容提供者、学术交流平台、数字资源长期保存的载体等角色，参与数字内容的提供与加工、机构知识库建设、数字资源的保存与发布等活动。数字出版也可以成为图书馆服务的一部分，成为一项新的核心竞争力，从而提高图书馆与数字出版事业与时俱进和可持续发展的能力。王宁宁、刘兹恒[40]认为图书馆联盟集众多成员馆的数字资源之和,其建立的数字资源库在数量上具有单个图书馆无法比拟的优势。图书馆联盟参与数字出版不仅可以使资源相互补充,从而提升资源内容的质量,而且也丰富了多学科、多主题的资源内容。与此同时,二者的统一规划与建设,能够减少分散状态下数字资源的重复建设,有效地避免资源浪费,有助于资源效益的最大化。图书馆联盟作为各成员馆之间的信息共享平台,能够将数量庞大的优质资源通过科学、合理、有效的整合,以多种数字出版模式在联盟内传递,可以使更大的用户群受益。

(2)数字出版平台与数字图书馆技术融合相关研究。在数字出版与数字图书馆的技术融合方面,孙坦[10]对数字图书馆的理论与发展模式进行了细致的研究。其中关于技术方面主要分析了发展数字图书馆主要面临的技术问题和如何加强技术的研究开发。其在文中指出,技术问题主要包括以系统和数据库内容语义差异等问题为主的资源发现问题,包含数据调节与控制、查询处理等的互操作性问题;关于元数据的结构、工具和管理元数据等问题;数据转换、语言处理、信息检索、语言计算、文献处理等多文种信息访问问题。而加强数字图书馆技术的研究开发包括数字图书馆的体系结构、互操作性、信息描述与组织、信息检索及与数字图书馆有关的其他各种信息技术的研究开发,如人工智能技术、元数据标准、知识产权保护技术、网络支付和认证技术等。张晓林、曾蕾、肖珑、孙一钢[13]则在分析数字图书馆标准规范重要性和发展趋势的基础上,提出我国数字图书馆标准规范的长期目标和近期任务,描述标准规范发展战略、建设机制、核心标准规范体系的建设内容和要求。他们认为我国数字图书馆标准规范核心体系的建设内容有以下几方面:建立数字资源加工标准规范,建立数字资源唯一标识符应用规范,建立基本数字对象元数据规范,建立专门数字对象元数据规范,建立资源集合元数据规范,建立数字资源搜索、检索、调度和使用的标准规范。

核心标准规范建设将根据实际情况,或者采用国外成熟标准,或者修改或扩展已有标准,或者自行编制标准规范。杨焕敏[41]通过探讨数字出版与图书馆的耦合性,指出数字出版与图书馆的业务相关度较高、产业依存度较大、数字出版对于图书馆数字化影响较大。分析二者的融合路径,提出图书馆可以借助采购服务、技术支撑助力数字图书馆技术建设;运用资源处理云端化,拓展数字图书馆平台建设;不断创新运营与开发的手段,提供定制化的服务;依托移动互联网终端,不断完善图书馆服务建设。说明图书馆只有借助云端化处理、移动互联网终端等技术,才能不断推动数字图书馆技术建设、平台建设和服务建设,促进数字出版与图书馆融合发展。何晓刚[42]从资源整合和技术互补角度阐述了数字出版机构与数字图书馆合作的必要性和可行性,提出双方合作机制构建的策略,一是可以通过签订互惠协议来形成互补的合作机制,二是构建资源共建共享平台实现进一步资源共享、最大化优化双方资源配置,三是在技术层面,双方实现优势互补与合作,提高双方的业务开展效率。在数字图书馆的发展过程中,为了满足读者不断变化的信息需求,通过提供一系列支持学术成果的创建、传播、管理和保存服务来参与数字出版,出现了"图书馆联盟"这一组织。曾丽莹、刘兹恒[43]对全球188个图书馆联盟参与数字出版的情况进行调研,分析其承担的角色和发展的特点。从图书馆联盟角色及功能的转变、图书馆联盟参与数字出版的发展方向,分析了数字图书馆在参与数字出版时在数字资源和技术中的创新性表现,指出图书馆参与数字出版的实践表明,提高数字出版物的学术含量、提供多元的数字出版服务、深入推进开放存取出版、寻求广泛合作并整合多方资源是图书馆联盟参与数字出版的发展重点。何叶茂[44]认为数字出版能够将数字图书馆的功能展示出来,但在现有的环境下,资源的构建能力以及建设层次标准都没有得到有效的空间转移,存在云端处理的产业依存差异较大、图书馆数字出版终端的制约性问题,信息化技术的运营机制建设和终端定制化服务的空间衔接等技术问题。并指出,在进行数字与图书馆融合的技术建设时,数字信息出版技术的企业以及运营商能够很好地提升出版与图书馆融合的进步和拓展,图书馆应该加强数字出版与图书馆融合的技术建设,利用有效资源进行云端处理拓展数字功能,逐渐拓展新型运营机制和定制化服务,运用移动互联网终端完善数字图书服务。刘兹恒、涂志芳[45]认为对于内容创作者和所在机构而言,图书馆具有数字出版相关的技术优势和平台优势。图书馆可以作为技术提供者参与数字出版,为作者及其他有出版需求的个人或机构提供文字编辑、美术编辑、数字排版、数字加工等数字出版方面的技术支持。图书馆可以发挥其网站、社交媒体等的平台作用进行产品营销、用户培育等活动,通过在网站主页及社交媒体上进行产品上线通知、产品功能展示、产品使用说明等活动,使更多的用户通过图书馆平台了解并有机会获取数字出版物,实现数字内容更大范围的传播。王宁宁、刘兹恒[40]提出图书馆联盟可以为中小型图书馆带来强大的技术支持,其采用的集中托管知识库模式可以促进各成员馆快速、简洁地建立机构知识库。与此同时,图书馆联盟可以作为大客户,要求技术公司开发更适合图书馆联盟及学术图书馆参与数字出版活动的技术平台,定制有利于图书馆开展数字出版活动的最佳方案。此外,图书馆联盟另一个技术层面的优势就是技术协同能力。各成员馆由于内外部条件的不同,容易造成技术标准与规范上的差异、系统之间的互不兼容以及数据的异构性等问题。图书馆联盟的技术协同将帮助各成员馆之间实现互操作,促进图书馆联盟数字出版的多方位、全成员参与。

(3)国内数字出版平台与数字出版服务融合相关研究。近年来关于数字图书馆服务的研究日益丰富,主要涉及对数字图书馆服务模式、服务特点、服务内容、服务转型等多方面的研究视角,展现了学术界对数字图书馆建设服务的深层探究和挖掘。

关于服务模式的研究。邓琦阆[45]认为数字图书馆的出现促使传统图书馆信息服务模式发生了巨大变革,总体从被动服务转向了主动服务,由浅层次单一服务转向了深层次多样化服务,利用技术创新可以优化服务模式。章春艳[46]认为根据数字图书馆是否与读者交流互动,可以将其服务模式分为无差异化推荐和差异化推荐,并提出推荐服务是数字图书馆服务变革的主要服务模式,精准推荐服务是大数据时代读者的新需求。数字图书馆应当关注并分析读者行为,致力于在大数据网络背景下开展精准服务,为读者提供个性化、专业化的定制服务、推送服务、决策服务等,满足读者的差异化需求,提高馆藏资源的利用率。潘彩勤[47]认为基于信息协同过滤的个性化服务模式能够有效针对个体需求进行分类和处理,能够全面地将信息服务进行匹配到个性化的需求之中。从技术、需求和管理等三个层面不断创新和完善服务模式。提出要构建基于信息协同过滤的个性化信息服务模式,需要深入了解读者的个性需求,完善科学管理体系,匹配优质服务模式,建立有效信息采集机制,创设互动服务内容。李忠新[48]基于用户需求,数字图书馆提供用户主导型的信息服务模式,可以分为复合型分布式分层次的服务模式、集成信息服务模式、个性化信息服务模式、数字图书馆知识服务模式。并提出构建用户主导型数字图书馆综合信息服务模式,强调服务者与用户双方的主观能动性,有助于用户在处理信息的过程中的自主性和灵活性。围绕用户信息活动和需要解决的现实问题来设置数字信息资源和信息服务,从而更有效地支持用户自助检索、处理、利用信息来解决现实问题。马小培[49]基于知识分类技术,数字图书馆可以提供知识服务模式,包括整合数字资源、存储管理知识、构建专题知识库。还分析了数字图书馆知识服务模式中知识分类技术的应用方式,提出了数字图书馆知识服务优化可以通过数字资源共建共享,促进服务数字化转变,利用问卷调查或大数据分析技术掌握用户的阅读偏好,及时调整图书配置比例,提高图书资源利用率,推动数字图书馆知识服务模式的创新和发展。李惠琴[50]指出随着网络的普及和发展,数字图书馆的数据量以爆炸式的速度增长,图书馆数据存储成本上升,由此出现基于"云计算"的服务模式。在这种新型的服务概念体系下,数字图书馆以用户为中心,以用户需求驱动技术服务,为用户群体提供一站式服务模式、平台服务模式、个性化服务模式、资源共建共享模式等。冯玉娥[51]基于"信息觅食理论",提出构建数字图书馆学科服务模式,需要建设数字图书馆学科导航服务、服务团队,学科服务与自媒体平台形成对接。有助于提高读者检索效率,提高数字图书馆学科服务团队的整体服务质量。数字图书馆应紧跟潮流学术观点,建立区域联盟型学科服务,不断提升自身的服务水平,为读者提供学科服务模式。高得玥[52]认为当前对数字图书馆来说最重要的是如何通过对图书馆服务模式的升级实现其服务模式从以图书馆为主转为以用户需求为主,这需要数字图书馆提供多元化的检索方式,增添个性化服务,在大变革下精准把握用户服务的刚需。而数字化和大数据正成为数字图书馆升级换代的最大技术动力。利用这些技术实现和完善数字图书馆知识发现服务,既是图书馆服务的进步,也能够更好地满足用户的需求。

关于服务特征的研究。张俊本[53]认为信息时代,数字图书馆可以根据用户的信息需求为其提供定制化个性信息资源服务,具有明显的个性化特征。数字图书馆能够为用户提供个性化定制中的检索定制、个性化的界面定制,但同时要注意其中存在的资源建设、隐私保护、版权保护、系统架构等问题。同时,黄凌[54]从学科分类、资源整合、用户信息管理3个方面分析了个性化信息动态推荐服务对数字图书馆的作用,提出融入实时情境的数字图书馆个性化信息动态推荐服务是一种动态变化服务,它可以根据用户行为、兴趣爱好、场景等不同情况提供相应的服务内容,具有动态性、差异性等特点。在用户访问数字图书馆时,基于实时情境的数字图书馆个性化信息动态推荐系统能够自动将用户个性化推荐模块与实时情境感知模块进行结合,智能感应并获取用户实时情境,进而为用户提供个性化信息动态推荐服务。刘玲玲[55]借助多种移动服务平台,数字图书馆适应信息化社会发展趋势,为用户提供信息管理服务模式、定制与推送服务模式、个人自助服务模式、参考咨询服务模式等多样化的移动化服务。提出数字图书馆应认识到移动服务的重要意义,加强硬件平台建设,创新移动服务模式,做好移动服务的保障工作,提高移动服务的质量和效率,以最大限度地满足用户的多元化需求。通过构建智慧信息服务体系,设计出集用户交互、信息分析、功能服务、应用反馈于一体的智慧化信息服务平台,为用户提供高效率、高质量的知识服务。胡琦[56]通过将人工智能技术与数字图书馆进行充分结合,针对数字图书馆信息服务应用人工智能技术需要解决的问题,即信息的智能获取问题、信息的智能筛选问题和用户兴趣模型的构建问题,完成对数字图书馆信息服务系统的构建。他从个性化信息智能推送服务、个性化智能定制服务、个性化智能代理服务、个性化智能定题服务4个方面入手,为用户提供数字图书馆信息的全面创新服务,并综合运用人工智能、大数据和物联网技术等新技术,构建数字图书馆信息服务平台,从而为读者提供更加高效、优质、精准的信息服务功能。刘兹恒、苗美娟、刘雅琼[57]通过调查提出我国图书馆开展数字出版服务存在以下特征:第一,对"图书馆数字出版"与"馆藏资源数字化"存在一定程度的混淆。第二,开放存取为图书馆出版服务提供了开放的学术环境,数字技术和数字出版的发展为图书馆开展数字出版服务提供了良好的外部环境和技术支撑。但国内缺乏成功实践,版权及合法化问题、用户需求问题仍然在一定程度上限制了图书馆出版服务的开展。第三,图书馆与科研人员在出版物类型和服务项目方面的认知存在较大差异,科研人员的需求未能得到有效对接。第四,图书馆倾向于通过合作模式开展出版服务,通过调动多方力量共同促进学术交流。对此,出版机构应厘清"馆藏资源数字化"与"图书馆数字出版"的区别,抓住学术交流新机遇,主动提供出版服务,积极探索,在借鉴国外先进经验的基础上,优先开展图书馆出版服务,为国内其他图书馆开展出版服务树立实践典范。

关于服务内容的研究。何玉霞[58]指出新媒体的发展改变了人们的阅读习惯和阅读方式,图书馆作为公共服务机构,在提供优秀阅读内容和服务的同时，也在不断适应新时代的阅读变化。从图书馆的服务内容与功能来看，图书馆具有信息资源整合、教学辅助支撑、文化展示展览、科研服务支持、学术交流沟通等功能和职能。周明君等[59]认为在数字驱动下，知识发现服务成为数字图书馆的热点，知识发现可以充分提高图书馆资源的利用率，数字化时代图书馆的知识服务业需要借助数字驱动实现新的知识服务，更加方便快捷地满足用户多样化的需求，强化图书馆资源的利用效果，强化图书馆的服务质量。杭哲、李芙蓉[60]指出，参考咨询服务是现代图书馆3.0的一项重要的标志性服务。基于关联数据的图书馆参考咨询服务是互联网发展的必然趋势。引入关联数据技术，构建参考咨询服务新模式，增添统计分析模块改善虚拟咨询服务方式。可以提升参考咨询服务质量，促进图书馆深入开发利用关联数据提高其服务质量，使图书馆参考咨询服务在全新的信息环境中呈现新特点和新面貌。杨威[61]提出数字阅读推广服务是公共图书馆在移动互联背景下开展的创新服务内容，有效改善了大众的阅读体验，实现公共阅读资源的科学利用，全面提升公共图书馆的服务能力。提出了公共图书馆创新数字阅读推广服务要聚焦数字阅读趋势，坚持"服务读者"导向，重视创新，积极搭建数字阅读服务平台，构建智能化数字阅读推广体系。只有综合考虑大众新的阅读习惯，重视改善大众的阅读体验，积极探索新的阅读推广模式，才能为大众提供优质、高效的阅读推广服务。李萍[62]认为为了完善我国数字图书馆的基础设施建设，保障网络时代残疾人获取新的权利和便捷，数字图书馆应加快无障碍服务建设，专门为残疾人开设字体放大、读屏、语音等特殊浏览服务，旨在便捷残疾人信息获取和学习阅读，实现资源共享。消弭视障群体获取信息知识的鸿沟，逐步解决视障人士阅读难、信息和知识获取难的问题，才能真正实现阅读公平、实现残健共融。曾丽莹、刘兹恒[43]提出图书馆联盟提供的数字出版相关服务类型主要包括提供出版平台与工具；数字出版咨询；馆藏资源数字化，即图书馆联盟授权或直接对成员馆的历史特藏资源进行数字化，并免费向公众开放；数字出版人员培训,包括提供培训课程和提供开放存取出版的相关资料。图书馆联盟提供的数字出版相关服务以馆藏资源数字化为主,还提供出版平台和工具、出版咨询和培训等相关支撑服务。部分图书馆联盟支持开放存取,以推动学术成果的开放和共享。目前图书馆联盟向成员图书馆提供的数字出版服务内容较为单薄,因此图书馆联盟应根据图书馆的需要设计一套完整的数字出版服务体系,提供多元化的服务。具体可包括:提供数字出版的平台和工具、数字出版技能培训、版权支持和咨询、元数据服务和 ISSN 分配等。图书馆联盟的数字出版服务应最大限度地给成员图书馆的出版服务提供支持,提高其出版质量和效率。

关于服务转型的研究。张明霞[63]认为数字出版背景下图书馆要顺应时代的发展,对其在提供社会公共服务、共享资源、满足多样化需求等方面重新定位,充分重视服务改良,可以为不同层次的人提供特色服务,还要注重技术水平的提升,进行服务转型,信息资源的收藏扩容,提高资源的传递速率和利用效率。与教育和文化机构合作,为人们提供网络化的信息接口。打造阅读推广的品牌活动,提高知名度。张晓霞[64]提出当前的数字人文传播服务模式主要有数据分析服务模式,集约化文献服务模式以及嵌入式学科服务模式。目前我国图书馆在数字人文领域开发利用过程中还有不足,要求研究开发人员要探索更有利于研究与传播的数字人文服务模式,为用户提供方便快捷的信息交流与沟通途径。并指出构建图书馆人文传播服务需要构建开放完善的数字人文资源,坚持"以人为本"数字人文传播理念,拓展图书馆数字人文传播途径,加强社会对图书馆行政与法律管理。探索出一个更利于研究与传播的数字人文服务模式,为用户提供方便快捷的信息交流与沟通途径。黄务兰等[65]认为图书馆在国家智库建设中具有得天独厚的优势,而数字图书馆是获取信息资源的重要渠道,数字图书馆向智库服务转型是提高图书馆软实力的路径之一。提出构建数字图书馆智库服务体系要从服务研究入手,以用户的智库知识需求为出发点,以智库服务为目标,以数字资源作为保障,通过数据挖掘、个性化推荐等技术的运用,向用户提供知识导航、数字化咨询、知识自动推送等服务。李通[66]指出在大数据背景下,数据的应用与挖掘是完善数字图书馆服务的重要途径,将情境大数据应用于数字图书馆智慧化服务,可以加强信息化建设、加快智慧化服务平台建设、推动智慧化服务应用程序的开发与应用。从资源云存储模块、大数据处理模块到智慧服务模块建设,进一步完善数字图书馆智慧化服务功能。还应关注用户需求、及时更新服务,加强数据挖掘、完善资源建设,吸引专业人才、优化馆员团队,提高数字图书馆智慧化服务水平。

2. 数字出版平台与数字图书馆融合的国外相关研究

国外对于数字图书馆与数字出版融合问题研究多限于具体专业领域。高等教育中需要二者紧密结合成一个系统,以方便信息资源的存储与传播。勒菲佛(Lefever)[67]提出在网络时代的早期,图书馆专注于将服务转移到网上并建立数字馆藏,但近年来,图书馆已成为数字出版领域的关键参与者。同时研究人员发现,图书馆员已经具备成为数字出版商所需的技能,图书馆职业的合作文化是这个新角色的优势。并且提供基于图书馆的网络出版服务可以增强整体竞争力。艾弗里(Avery)等[68]在研究中发现大学出版社为学术图书馆提供出版服务是一个新的选择。赫尔(Hull)、佩蒂弗(Pettifer)、凯尔(Kell)[69]讨论了专业领域的数字图书馆的现状,并研究了一系列新的应用程序,包括PubMed、IEEE Xplore、ACM数字图书馆、ISIWeb of Knowledge、Scopus、Citeseer、arXiv、DBLP和Google Scholar,并探讨了这些程序如何让数字图书馆在未来变得更具备人性化,成为利用率更高的平台。数字图书馆运行中,莫莱森(Moulaison)等[70]认为电子出版资源的版权保护势在必行。布鲁默(Blummer)[71]在研究中发现,大学图书馆、大学出版社和商业企业正在采用按需印刷出版,以优化服务并降低成本。这种模式可以追溯到20世纪90年代初,但技术上的问题,加上图书馆和出版商对此缺乏兴趣,阻碍了按需印刷出版的普及。如今,按需打印仍然是机构馆藏库和数字资源存储的理想选择。它特别受有出版偏好的用户欢迎,论述了按需出版技术的发展对于数字(大学)图书馆数字资源建设的推动作用。克莱门特(Clement)[72]在研究图书馆与大学出版社的整合时,明确提出了图书馆与出版商的融合(合作),从回顾美国大学出版社的历史开始,探讨了当前出版社发展所面临的挑战,最后提出一种图书馆和出版商整合的新观点:将出版商整合到图书馆组织中,并将两者的业务融合,可以为当代大学出版危机提供可行的解决方案。但是其观点和讨论仅限于大学出版社与学术图书馆领域。

2.1.3　研究现状评述

总体来看,国外研究虽然没有过多提出数字出版平台与数字图书馆融合的命题,但是在每篇论文的论述中,学者们都从数字资源产生与传播本身的规律出发,力求探寻传播到用户的最佳途径。国外数字出版概念并不明显,出版者也没有突出数字概念,其中心思想是如何更好地组织,更好地传播文献信息。国内的研究比较明确,数字图书馆研究较早,论文达数万篇;数字出版文献相对较少,但也有数千篇之多。但是国内论述数字出版平台与数字图书馆融合的文献有很多篇幅短小,难以深入探讨。尤其这一领域,目前尚无博士论文和研究报告出现,专著更是阙如。因此,深入研究二者关系并探究未来的融合趋势是很有必要的。

2.2　理论基础

2.2.1　协同理论

协同理论(Synergetics)又称为"协同学"或"协和学",是在许多学科研究的基础上逐渐形成和发展起来的一门新兴学科,其创立者是德国斯图加特大学教授、著名的物理学家——赫尔曼·哈肯（Hermann Haken），在其1977年出版的《协同学导论》（Synergetics An Introduction）一书中正式提出协同论。该系统运用了信息论、控制论、突变论等现代科学的最新成果为基础，运用统计学等方法，从多个角度进行分析，建立了一套数学模型和处理方案，在微观到宏观的过渡上，描述了各种系统和现象中从无序向有序转变的共同规律，因而思想新颖、理论深刻、应用广泛。

孙新波[73]认为一个与外界进行物质、能量和信息交换的开放系统从无序变为有序的关键在于，其子系统之间在一定条件下通过非线性的互相作用可以形成协同现象与相关效应，该系统可在宏观上形成时间结构、空间结构或时空结构，产生一定功能的自组织结构，构成新的有序状态。协同理论指出，虽然各种系统具有不同的性质，但是它们之间的互动和协作的关系却是贯穿于整体环境之中的。包含许多常见的社会现象，比如各单位之间、各部门之间和各公司之间相互配合与协作，以及相互影响和相互制约等。协同理论的主要内容可以概括为三个方面，即协同效应、支配原理、自组织原理。

谢远锐[74]提出协同效应或称协同作用，形象地说即"1+1>2"效应，各子系统协同配合使得效果优于各自单独的作用，可以促成系统结构从无序向有序发展，让系统渐趋稳定并得以优化，进而有利于系统可持续发展。陈建斌[75]认为支配原理又称役使原理或伺服原理，指快变量服从慢变量，序参量支配子系统行为，其从系统内部稳定因素和不稳定因素间的相互作用方面描述了系统自组织过程；知识融合的协同过程，同样受序参量影响，不同时期受不同序参量的支配。沈正维、王军[76]认为自组织原理指的是系统在外部指令缺失的情况下，其内部要素能够自主协调，从而呈现出一种稳定有序的状态；自组织原理表明开放的系统会自发地从无序变成有序，不断向更高级的复杂性演化，而其有序状态的形成归结于系统内部各个不同部分的竞争与协作。

综上所述,本书中的数字出版平台与数字图书馆之间即存在协同关系,二者均能独立开展知识服务工作,但双方之间又会相互关联、互为影响,并在资源、服务等方面存在不同程度的融合。数字出版平台与数字图书馆达成基本共识,单边利益适当让位于双方共同利益。在基于数字资源生产传播融合的大前提下,运用协同理论分析研究数字出版平台与数字图书馆的融合机理,以探索出如何更好地维护二者关系,促进双方协同发展。

2.2.2 信息集群理论

1. 信息集群理论的产生和发展

集群理论最早产生于经济学领域,最早的"集群"概念是由美国哈佛商学院迈克尔·波特教授提出的"产业集群理论",涂中群[77]提出其是在某一特定区域下的一个特定领域,存在着一群相互关联的公司、供应商、关联产业和专门化的制度和协会,它们由于具有共性和互补而联系在一起。人类进入信息社会以来,信息技术和信息服务的不断发展促进着社会信息化,集群的理论与方法也越来越多地被运用到信息领域,产生了信息集群(information cluster)的概念。

叶宏伟[78]指出信息集群是大量图书馆及信息机构与组织按照一定的信息资源服务优势在特定的虚拟地域范围,构成一个类似生物有机体的信息群落,运用柔性化的管理和满足个性化的用户信息需求,发挥强劲、持续信息竞争优势的服务网络。信息集群注重集群机构之间的协调与合作,强调将分散的信息机构按照一定的模式进行统筹管理,发挥各自信息优势,为用户提供统一的界面,实现信息资源的一站式、集成式服务。突出了机构之间的竞合性和规模效应,即通过强强合作,发挥效益的最大化。金中仁等人[79]提出信息集群将信息共享作为一种资源来认识、开发和利用,其目的在于实现信息的共享、资源的优化配置、最大限度地挖掘信息的价值,确保将正确的信息在最短的时间内传送给信息使用者。信息集群是未来信息化发展的必然趋势,为信息和资源在集群内的共享创造了良好的空间,它可以使信息机构的整体资源优势得到最大程度的发挥,从而达到信息资源共建共享的目的。

2. 信息集群理论的核心思想

金中仁等[79]提出,信息集群理论的研究者认为,信息集群是基于信息技术的资源和应用,聚集多种信息集群成为一个协同工作的整体,包括功能交互、信息共享以及数据通信三个方面的管理与控制,分为技术信息集群、资源信息集群、组织信息集群和信息人员集群。集群内的不同信息机构和信息部门本质上是一种机构的分工合作关系,根据现实情况,选取一种行之有效的运作模式,并通过建立一套有效的管理制度来规范与制约它,共同构成一个结构完善、功能齐全的信息生产和服务的信息网络。实现信息在集群中快速、有序的流动,协调运转,优化信息资源的配置。

此外,朱卫红[80]认为实现信息的集群化就必须把各种分散的多源异构的数据进行集成整合,通过信息处理技术建立各种数据间的关联性和动态模型。信息集群需要把分散的、动态的、无序的信息资源进行整合,在信息的收集、组织与管理等方面,都离不开信息技术的支撑。并且信息种类繁多,数据类型和数据格式也有所差异。现代信息服务需要信息平台作为主要的渠道和手段,系统整合后的信息资源需要在信息平台上为用户提供统一的检索界面,集成多种服务手段,为用户提供最优质的服务。同时还要对这一系统进行及时的维护和更新,使其不会随着信息技术的发展和信息环境的变化而淘汰,这就要求一个基于技术的一体化管理来承载信息集群的运行。

3. 信息集群理论为本书研究所提供的依据

信息集群不是对资源进行简单的整合,而是更注重由整合而产生出新的成果,对信息进行深度挖掘,使信息的价值大幅增加。将信息集群理论引入数字出版平台与数字图书馆的融合,对数字资源进行整合,构建基于数字资源生产传播的信息集群,不仅有利于促进专业化分工与合作,增强各个机构的创新能力。还能够提高信息生产效率,促使信息增值,提高整体竞争力,重构数字出版平台和数字图书馆的知识供应链和服务链。在信息集群理论指导下,还可以加强信息技术的适用性,为资源整合提供更加完备的技术保障,营造良好的外部条件,建立一套行之有效的运行方式与管理体系,推进数字出版平台和数字图书馆的深度融合和资源整合实践。

2.2.3 资源优化配置理论

资源优化配置是指在市场经济条件下,不是由人的主观意志而是由市场根据平等性、竞争性、法制性和开放性的一般规律,由市场机制通过自动调节对资源实现的配置,即市场通过实行自由竞争和"理性经济人"的自由选择,由价值规律来自动调节供给和需求双方的资源分布,用"看不见的手"优胜劣汰,从而自动地实现对全社会资源的优化配置。

1. 资源优化配置理论介绍

资源是指有利用价值的东西在一定时间、经济条件和技术水平下被人们发现和利用的,包括可见的和不可见的物质(资本、技术、智慧等)。资源配置,又叫作布局或分布。它是在动态调整的过程中,促进资源和生产要素使其相互搭配达到最佳的组合,使那些潜在的、分散的以及利用不足的资源和潜力得到充分的发挥和利用,实现其效益的最大化。

对于信息资源配置,业界学者也有各自的看法。周月秋[81]对资源配置的发展历程进行梳理,从古希腊时期的新古典主义经济学早期思想萌芽中产生资源的概念开始,到19世纪中叶第二次世界大战之后,资源配置开始系统化;第二次世界大战后,国与国之间的经济增长差距日益明显,发展中国家面临严重的国内资源配置失当,适合各国国情的资源配置理论进一步发展；马克思的资源配置理论，始终把资本主义生产过程作为劳动过程和价值增殖过程的统一，贯穿着社会生产化过程和商品生产的内在联系，是建立现代资源配置理论的根本前提。周月秋认为，作为经济发展的基本条件和表现形式，资源配置（或资源优化配置）是指为最大限度减少宏微观经济浪费和实现社会福利最大化而对现代技术成果与各种投入要素进行的有机组合。

王慧峰[82]认为信息资源配置是指信息资源在时间、空间以及数量上的合理配置。而信息资源配置活动则是一个动态过程，它通过适应不断变化的社会信息资源的需求来对各种信息资源进行不断调整，进而提高信息资源的配置效率。

在市场经济理论当中，资源优化配置指的是能够带来高效率的资源使用，其着眼点在于"优化"，它既包括企业内部的人、财、物、科技、信息等资源的使用和安排的优化，也包括社会范围内人、财、物等资源配置的优化。而在资源经济学理论中，黄文平[83]认为资源优化配置是该理论的核心和重点内容，它是指通过对人类有限资源的合理和优化的配置，实现经济发展中各种变动和对立要素的均衡，达到市场供给与需求的相对平衡，进而实现经济的可持续、均衡发展。杨锦春[84]认为，不论是马克思主义的资源配置理论，还是西方经济学的资源配置理论，其核心思想和主要目的都是实现资源的最优利用，实现社会产出的最大化，提升整个社会的产出水平和福利状况。

结合以上学者的观点，我们可以得知学者们对于资源配置理论的研究，实际上就是对资源优化配置的研究，二者的最终目的都是保证有限的资源能够最大限度地利用起来。

2. 资源优化配置的原则

近年来，学者们将资源优化配置理论以及资源优化配置的原则运用在相关领域的学术研究中。侯芳[85]从用户对信息资源配置的需求无法被全面满足出发,提出要在尽可能保证公平的情况下有针对性地使资源产生最大效益,她认为信息优化配置的形式有宏观调控主导的离线信息资源配置,以及市场驱动的在线信息资源配置。张海英[86]阐述了图书馆网络信息资源优化配置的意义,明确了在优化配置过程中应遵循的需求性、效益性、系统性、特色性、合法性原则,提出图书馆网络信息资源优化配置由采集整合以及共享共建组成。可见,满足用户需求是信息资源配置的重要出发点。

宋雪玲、董富国[87]认为信息资源的配置需要有相应明确的原则来做指导,只有这样才能更合理、更高效和更科学地实现多校区图书馆信息资源的优化配置。林婧[88]在图书馆馆藏资源的研究中认为,图书馆馆藏的准公共产品属性,决定了基于公共产品理论的高校图书馆馆藏资源配置应遵循科学性、资源共享性、整体性、成本效益四原则。

以上提到的资源优化配置理论,对于图书馆资源配置研究以及网络信息资源的优化配置研究等起到了重要的理论支撑作用,我们认为该理论能够为本研究中对于数字出版平台与数字图书馆的资源融合可行性分析提供理论依据。在本研究中,资源融合更多的是优化资源配置,数字出版平台以及数字图书馆的资源融合在结合资源优化配置理论的前提下,不仅能够根据各自资源的特色将原本的资源配置方面的优势发挥出来,而且可以在资源共享之后进一步进行深入联系,进而实现共赢。

2.2.4 用户感知理论

20世纪80年代初,国外学者开始研究"顾客感知"这一概念(本研究围绕数字出版平台与数字图书馆的资源融合,故"用户"与"顾客"同义),王凤[89]认为顾客感知是顾客接受服务过程中的"真实瞬间",是顾客服务感知的直接来源。对用户的服务质量很大程度上取决于用户感知,用户感知又基于服务接触能力。

最初,国外学者将用户感知定义为用户在接受服务时最真实的体验瞬间。国内学者对用户感知有不同的理解,党志恒[90]提出服务主体在为用户提供服务时,其质量与用户的真实感受息息相关。他认为,用户感知主要是一个主观的概念。不同用户、不同终端、不同业务、不同地点,不同网络制式接入都是影响用户感知的因素,这样就使得用户感知的分析和评价工作比较复杂。学者高海涛[80]认为,用户感知是指用户通过感官及思想等感知服务行业服务在服务情境中经营者与用户面对面互动接触的过程,即用户与服务传递系统间的互动,用户感知的效果将影响用户满意度和用户对服务质量评价,关系到用户是否再次使用。

我国学者在研究用户与提供资源的平台的关系时,发现用户的感知价值对于反映服务过程、服务质量的好坏非常重要,因此对于用户感知理论方面的研究,倾向结合用户感知价值去细化讨论。关于用户感知价值的研究十分丰富。秦雪凤[91]认为,用户感知价值是用户对图书馆服务质量的主观反映,它影响着用户对图书馆服务的总体评价,也检验着图书馆的服务。贾文科、周婷婷[92]在研究高校图书馆的服务工作时认为,顾客的感知价值,是顾客在获取产品或服务时所能感知到的利益与其所付出的成本进行权衡后对产品或服务效用做出的总体评价,即价值=顾客所获得的收益/顾客获得收益所付出的成本。有的学者从新的视角出发,唐家玉、龙军[93]认为图书馆用户感知价值是指不同的用户对图书馆所提供的信息、知识和服务效果所具有价值的主观认知,是用户感知所得与感知付出比较的结果。它是用户对所获得的全部感知利益(信息、知识、服务)与其所付出的全部感知成本(货币、时间、体力、精力)之间进行比较和权衡后得出的综合评价,通常可以表示为:用户感知价值=感知利益-感知成本。

王凤[89]提出高校移动图书馆必须时刻关注师生用户的感知价值,满足他们的需求,这样才能吸引和留住他们。针对学者的观点,本书把顾客感知价值引申为用户感知价值,并与高校移动图书馆服务相结合,将其定义为高校用户对移动图书馆服务过程中或使用完服务后形成的最直接、最真实的切身感受,以此来反映高校移动图书馆服务质量的好坏,进行绩效评价。

结合以上理论的整合分析,可得知用户感知理论在各界学者对于图书馆做好用户服务的对策研究中已经得到充分的应用,在用户感知理论以及用户感知价值理论对于数字出版平台以及数字图书馆做好用户服务是尤为重要的。本书研究数字出版平台与数字图书馆的服务融合时,以用户感知理论及用户感知价值理论为基础,充分结合数字出版平台以及数字图书馆在社会服务方面的共通性,能够促进二者在资源服务的深度融合。

【参考文献】

[1] 赖茂生. 从电子出版到数字出版[J]. 中国电子与网络出版,2000(2):40-41.

[2] 聂震宁. 数字出版:距离成熟还有长路要走[J]. 出版科学,2009,1:5-9.

[3] 郝振省. 中国手机出版产业的现状及未来发展趋势[J]. 科技与出版,2008(7):9-11.

[4] 刘灿姣,黄立雄. 论数字出版产业链的整合[J]. 中国出版,2009(1):44-47.

[5] 王丽敏. 按需出版与图书馆工作[J]. 科技情报开发与经济,2011,21(12):13-15.

[6] 孙卫,凌锋,张秀梅. 数字复合出版的用户需求分析[J]. 科技与出版,2009(12):55-58.

[7] 王知津,王琼. 数字图书馆及其对技术服务的影响[J]. 情报资料工作,2000(1):11-13

[8] 曾蕾,张甲,杨宗英. 数字图书馆:路在何方?[J]. 情报学报,2000(1):64-73.

[9] 李培,魏闻潇. 中外数字图书馆之比较研究[J]. 津图学刊,2000(3):1-16.

[10] 孙坦. 数字图书馆理论与发展模式研究[D]. 中国科学院文献情报中心,2000.

[11] 邱均平,陈敬全. 论数字图书馆的知识产权保护[J]. 大学图书馆学报,

2000,18(4):10-15.

[12] 秦珂.数字图书馆版权保护问题摭谈[J].河北科技图苑,2001(2):21-22,43.

[13] 张晓林,肖珑,孙一刚,等.我国数字图书馆标准与规范的建设框架[J].图书情报工作,2003(4):7-11.

[14] 毕强,韩毅.泛在知识环境下数字图书馆知识空间构建研究[J].情报科学,2008(7):971-977.

[15] 陈传夫,钱鸥,代钰珠.大数据时代的数字图书馆建设研究[J].图书情报工作,2014,58(7):40-45.

[16] 马晓亭,陈臣.面向云计算的数字图书馆高性能云服务平台研究[J].图书馆理论与实践,2013(5):73-76.

[17] 李梅珍.数字图书馆"云服务"模式的构建[J].图书馆学刊,2016,38(1):91-94.

[18] 刘兹恒,涂志芳.数字学术环境下学术图书馆发展新形态研究——以空间、资源和服务"三要素"为视角[J].图书情报工作,2017,61(16):15-23.

[19] BROWN M. Life in the Trenches of Print and Web Publishing: An Interview with Jessamyn West[J]. Serials Review,2006,32(2):106-110.

[20] ROSENBAUM H, FICHMAN P. ASIS&T Annual Meeting Pre-conference Activities: 10th Annual Social Informatics Research Symposium: Connecting(epistemic) Cultures and (Intellectual) Communities[J]. Bulletin of the American Society for Information Science and Technology,2015,41(3):27-29.

[21] OESTREICHER-SINGER G, ZALMANSON L. Content or Community? A Digital Business Strategy for Content Providers in the Social Age[J]. MIS Quarterly,2013,37(2):591-616.

[22] BUSH V. As We May Think[J]. The Atlantic Monthly,1945,176(1):101-108.

[23] LANCASTER F W. Toward Paperless Information Systems[M]. New York: Aca-

demic Press,1978.

[24] DOWLIN, KENNETH E. The Electronic Library: The Promise and the Process [M]. New York: Neal-Schuman,1982.

[25] KIBBEY M, EVANS N H. The Network is the Library [J]. Educom Review, 1989,24(3):15-20.

[26] SAUNDERS L M. The Virtual Library Today [J]. Library Administration & Management,1992,6(2):66-70.

[27] MILLER P. Web 2.0: Building the New Library [J/OL]. Ariadne,2005,45(10): http://www.ariadne.ac.uk/issue45/miller/.

[28] ASHLING J. We're All Members of the Google Generation [J]. Information Today,2008,25(3):22.

[29] JI C. An Approach for Optimizing Library Digital Resource Based on Semantic Information Retrieval [J]. International Journal of Database Theory and Application,2015,8(3):259-268.

[30] MAKRI S, BLANDFORD A, COX A L. Using Information Behaviors to Evaluate the Functionality and Usability of Electronic Resources: From Ellis's Model to Evaluation [J]. Journal of the American Society for Information Science and Technology,2008,59(14):2244-2267.

[31] TZOC E. Libraries and Faculty Collaboration: Four Digital Scholarship Examples [J]. Journal of Web Librarianship,2016,10(2):124-136.

[32] MUIR A. Copyright and Digital Academic Library Development in the UK [J]. Journal of Librarianship and Information Science,2017,51(3):702-709.

[33] 李晓飞. 近五年国内数字图书馆研究可视化分析 [J]. 图书馆研究,2020, 50,219(5):123-134.

[34] 方勇. 数字出版及其对图书馆的影响 [J]. 皖西学院学报,2006,22(5): 149-149.

[35]孙瑞英,马海群.文献信息资源共享的博弈分析及管理机制设计研究[J].情报资料工作,2009(2):41-45.

[36]冯宝秀,杨惠芳.数字出版与数字图书馆协同发展的基础与机制研究[J].图书馆,2012(5):88-90.

[37]范广秀.高校图书馆应用网络出版资源的关键问题[J].图书馆学刊,2012(8):47-48.

[38]牛晓宏.基于数字出版产业链的数字出版机构与图书馆合作策略研究[J].现代情报,2013,33(11):8-11.

[39]刘兹恒,涂志芳.学术图书馆参与数字出版的动因与条件分析[J].图书情报工作,2016,60(3):32-37,113.

[40]王宁宁,刘兹恒.图书馆联盟参与数字出版的优势与模式研究[J].图书馆工作与研究,2017(11):5-10.

[41]杨焕敏.图书馆与数字出版的融合路径探讨[J].出版广角,2015(12):42-43.

[42]何晓刚.数字图书馆与数字出版机构的合作机制研究[J].出版广角,2016(8):36-37.

[43]曾丽莹,刘兹恒.图书馆联盟参与数字出版的角色与现状[J].图书馆,2018,2(281):36-40.

[44]何叶茂.数字出版与图书馆融合路径的探索[J].现代商贸工业,2020,41(11):72-73.

[45]邓琦阁.数字图书馆服务模式的创新途径探讨[J].造纸装备及材料,2020,49(4):18-23.

[46]章春艳.大数据时代数字图书馆推荐服务探讨[J].内蒙古科技与经济.2020(15):21-24.

[47]潘彩勤.基于信息过滤的数字图书馆个性化服务模式研究[J].科技经济市场,2018(9):129-131.

[48]李忠新.用户主导型数字图书馆信息服务模式探究[J].中国西部科技,2010,9(8):23-24.

[49]马小培.基于知识分类技术的数字图书馆知识服务模式研究[J].河南图书馆学刊,2021,41(2):41-45.

[50]李惠琴.基于"云计算"的数字图书馆服务模式[J].科技创新导报,2010(31):209-210.

[51]冯玉娥,顾沿泊,张佳佳.基于"信息觅食理论"数字图书馆的学科服务模式分析[J].科技资讯,2021,19(5):178-180.

[52]高得玥.数字图书馆知识发现服务的数据环境开发与应用[J].科技资讯,2020,18(32):154-156.

[53]张俊本.数字图书馆个性化定制服务研究——以南京工程学院图书馆为例[J].传媒论坛,2019(24):135-136.

[54]黄凌.融入实时情境的数字图书馆个性化信息动态推荐服务研究[J].图书馆学刊,2020,42(11):75-79.

[55]刘玲玲.数字图书馆移动服务模式研究[J].河南图书馆学刊,2020,40(12):115-116,119.

[56]胡琦.基于人工智能的数字图书馆信息服务[J].江苏科技信息,2021,38(12):12-15.

[57]刘兹恒,苗美娟,刘雅琼.我国学术图书馆对开展数字出版服务的认知调查[J].图书馆建设,2018(3):14-21,28.

[58]何玉霞.新媒体环境下数字图书馆服务内容、途径与策略研究[J].西部广播电视,2019(14):80-81.

[59]周明君,刘洪.数据驱动下数字图书馆知识发现服务分析[J].科技传播.2021,13(6):56-58.

[60]杭哲,李芙蓉.关联数据驱动下的数字图书馆参考咨询服务模式研究[J].高校图书馆工作.2019,39(5):50-53.

[61] 杨威.公共图书馆数字阅读推广服务创新路径研究[J].河南图书馆学刊. 2020,40(10):30-32.

[62] 李萍.探析我国数字图书馆的无障碍服务建设——以中国盲文图书馆为例[J].传媒论坛.2020,3(22):121-122.

[63] 张明霞.互联网数字时代下图书馆服务转型与发展的思考[J].内蒙古科技与经济.2019(24):111,117.

[64] 张晓霞.图书馆数字人文传播及服务对策研究[A]//中小型公共图书馆的服务与创新论文集,2018:298-301.

[65] 黄务兰,张涛,蒋博.数字图书馆智库服务体系研究[J].数字图书馆论坛. 2021(2):34-39.

[66] 李通.基于情境大数据的数字图书馆智慧化服务模式探讨[J].中国中医药图书情报杂志,2021,45(3):31-33.

[67] LEFEVRE J, HUWE T K. Digital Publishing from the Library: A New Core Competency[J]. Journal of Web Librarianship, 2013, 7(2): 190-214.

[68] AVERY S, HAHN J, ZILIC M. Beyond Consultation: A New Model for Librarian's Office Hours[J]. Public Services Quarterly, 2008, 4(3): 187-206.

[69] HULL D, PETTIFER S R, KELL D B. Defrosting the Digital Library: Bibliographic Tools for the Next Generation Web[J]. PLoS Computer Biology, 2008, 4(10): e1000204.

[70] MOULAISON H L, MILLION A J. E-publishing in Libraries: The [digital] Preservation Imperative[J]. OCLC Systems & Services: International Digital Library Perspectives, 2015, 31(2): 87-98.

[71] BLUMMER B. Opportunities for Libraries with Print-on-Demand Publishing [J]. Journal of Access Services, 2006, 3(2): 41-54.

[72] RICHARD W. Clement, Library and University Press Integration: A New Vision for University Publishing[J]. Journal of Library Administration, 2011, 51(5):

507-528.

[73] 孙新波. 知识联盟激励协同机理及实证研究[M]. 北京: 科学出版社, 2013: 30.

[74] 谢远锐. 知识联盟协同创新系统动力学模型构建及仿真研究[D]. 沈阳: 东北大学, 2013.

[75] 陈建斌. 社会化媒体时代知识协同理论与应用[M]. 北京: 电子工业出版社, 2015: 37.

[76] 沈正维, 王军. 关于自组织原理若干问题的讨论[J]. 系统科学学报, 2006, 14(1): 14-18, 72.

[77] 涂中群. 区域图书馆: 集群模式与创新模式构造[J]. 南通大学学报(社会科学版), 2005(4): 145-148.

[78] 叶宏伟, 等. 图书馆信息集群研究. 中国图书馆学报, 2008(1): 99-101.

[79] 金中仁, 等. 图书馆信息共享与信息集群服务[M]. 北京: 人民邮电出版社, 2009: 81.

[80] 朱卫红. 地质资料信息集群化产业化的技术和应用课题[J]. 情报杂志, 2011(4): 172-177.

[81] 周月秋. 资源配置理论探索[J]. 金融管理科学, 1994(3): 9-13, 20.

[82] 王慧峰. 长春市农村信息资源优化配置策略研究[D]. 长春: 吉林农业大学, 2014.

[83] 黄文平. 深化行政体制改革的探索(第三辑)[M]. 北京: 国家行政学院出版社, 2018.

[84] 杨锦春. 能源互联网: 资源配置与产业优化研究[D]. 上海: 上海社会科学院, 2019.

[85] 侯芳. 基于信息资源优化配置理论的信息共享策略研究[J]. 情报探索, 2013(7): 75-77, 80.

[86] 张海英. 图书馆网络信息资源的优化配置研究[J]. 河南图书馆学刊, 2014,

34(11):123-125.

[87]宋雪玲,董富国.多校区图书馆信息资源优化配置研究综述[J].内蒙古科技与经济,2017(20):137-139.

[88]林婧.公共产品理论视域下高校图书馆馆藏资源优化配置研究[J].河北科技图苑,2016(6):93-94,89.

[89]王凤.基于用户感知的高校移动图书馆服务质量评价与提升研究[D].镇江:江苏大学,2017.

[90]党志恒.基于用户感知体系的神经网络算法研究[J].数字技术与应用,2013(10):136.

[91]秦雪凤.图书馆用户感知价值的提升策略[J].图书馆论坛,2007,27(1):40.

[92]贾文科,周婷婷.基于用户感知价值的高校图书馆服务工作[J].价值工程,2012(34):251.

[93]唐家玉,龙军.情绪劳动:图书馆用户感知价值的新视角[J].河北科技图苑,2012(6):10-12.

第3章
数字出版平台与数字图书馆的资源融合可行性分析

3.1 数字资源生产路径分析

3.1.1 数字出版平台的资源生产路径

随着信息技术的蓬勃发展和数字出版市场的繁荣,越来越多的出版主体加入数字出版行业中,数字出版平台的类型也逐渐多样化。数字出版平台相比较之前的传统出版机构在业务范围上也更加广泛,不仅出现了基于图书的传统出版资源数字化部门,也出现了以中文在线等为代表的专门从事数字出版的数字出版公司,但由于其侧重点不同,其数字资源的生产路径也有很大不同。本小节将基于不同数字出版平台类型来分析其资源的获取模式。

1. 基于传统出版的数字出版平台

基于传统出版的数字出版平台主要是由传统出版机构实施数字化转型而形成的。国外这类出版平台的发展在20世纪末已见雏形,国内一些发展较好的出版社也开始进行以数字技术为基础的转型和服务。[1]发展的早期,由于技术所限,这些数字出版机构主要通过建设网站与外部网络接轨,如美国兰登书屋出版集团所推出的兰登在线,内容运营商汤姆森、跨国出版企业斯普林格的网络数据库等。受此影响,我国不少出版社也开始进行门户网站建设并提供简单的数字资源服务,这就是初期的数字出版平台。在资源的获取上,这些数字出版平台作为出版主体主要是将自己拥有的传统资源数字化。因为其依托的传统出版机构不仅有大量的文献资源而且有长期合作的作者资源,其对传统文献资源的数字化保障了存量数字内容来源,而作者源源不断的新作成为其可以期许的增量数字内容来源。

基于传统出版的数字出版平台所生产的数字资源天然带有自主版权,

并且经过系列专业化的编辑加工,因此在质量方面有着较高的保障。正是由于其出版方式规范,经历层层审批与编校,也会存在发布周期较长,生产成本较高的问题。

2. 基于内容运营商的数字出版平台

基于内容运营商的数字出版平台是指在数字化环境中发展起来的,主要通过网络或移动平台实现资源的整合与运营的数字出版机构。这种类型的数字出版平台依靠数字技术,进行内容的运营,为目标用户提供服务。其在资源的生产或获取上,主要有两种形式。第一种是以直接生产数字化信息资源的方式进行内容运营,如以原创网络文学为主的中文在线等平台,它们的主要模式是作者直接与数字出版商联系,在数字出版平台上通过连载的方式发布作品,初期就是以数字化信息资源的形式发布,读者通过其平台可以直接阅读和获取电子资源。第二种是间接获取数字资源进行运营,如以学术期刊为主的万方、中国知网、维普等,他们的主要模式是通过购买使用权获取数字资源,然后将不同类型的资源,包括期刊、硕博论文、会议论文等资源通过一定的数据库技术整合在自己的平台上,对外运营服务。

第一种类型的平台资源容易较快集聚、发布,但良莠不齐;第二种类型的平台资源质量有所保障,但成本会比第一种类型高出很多。

3. 基于技术研发的数字出版平台

基于技术研发的数字出版平台指的是主要依靠自身的技术,通过生产终端设备和阅读器等获取利益的数字出版机构。在数字资源的生产上,这些数字出版机构主要采取合作的模式进行运营。以汉王、阿帕比等为代表的基于技术研发的数字出版平台通过与传统出版社合作的方式,将其资源数字化,并且研制了与其数字资源阅读相关的阅读器或手持终端,读者只有下载相关的阅读器或者购买手持终端才可以获取相关数字资源。

这一类数字出版平台往往具备技术优势,容易吸引需要技术服务的传统出版机构,也容易通过提供友好阅读方式吸引读者。但是由于缺乏对版权(使用权)的享有,往往在数字资源生产与传播过程中处于辅助状态。

从以上不同数字出版平台的分析可以看出,在数字资源的生产路径上主要是以两种方式为主,一是将传统资源数字化,二是直接生产数字化信息资源,在此基础上,通过自己的平台进行整合、运营。在交易方面,数字出版生产的数字资源可以是机构大批量购进,也可以是个人单册单独购买,具有很强的可操作性。

3.1.2 数字图书馆的资源获取路径

数字图书馆是从纸质资源的数字化、资源介质化(磁带、磁盘、光盘)到数字资源网络化(服务器、远端服务器)服务的演变,是传统图书馆资源和服务的补充,也是网络化时代图书馆服务能力的延伸。[2]

在运行主体上,数字图书馆的运行主体比较单一,主要是图书馆。由于图书馆性质的不同,其在对数字资源的获取上也形成了不同的路径,其生产路径主要有以下两种:一是从出版机构购买,二是对馆藏资源进行自主建设。

1. 从出版机构购买

我国的数字图书馆经历了一个比较漫长的发展过程,数字图书馆的发展经历了从单一的数据库模式到多元化的智慧型知识服务的数字图书馆发展。数字出版是数字图书馆拓展馆藏的重要途径。当前,数字图书馆处于大力推广阶段,数字资源存储急需拓展与完善,除了数字图书馆建设初期选购的专业数据库外,其他数据资源就需要向数字出版商采购。缺少数字出版的资源,数字图书馆的发展便会陷入停滞。数字图书馆是数字出版产品最大的需求者,数字出版商是数字图书馆馆藏资源的主要提供者。因为数字出版平台发展的速度较快,在技术和资源的整合上较数字图书馆有很大的优势,从产业链的角度来说,数字图书馆可以说是数字出版平台产品的购买者之一,但是作为购买者,数字图书馆的发展受到了一定的限制。随着一些数字出版平台资源价格的不断上升[3],数字图书馆购买数字资源的费用也在不断上升,尤其是对于一些高校数字图书馆来说,这种现象更加明显。为了科研的需要,各个高校图书馆在不断加大数字资源购买上的投入,即使这样,仍然有很多高校难以承受数字图书馆数字资源价格的上涨。显然在此形势下,单纯地依靠从出版机构购买数字资源的生产路径已经难以维持数字图书馆的数字资源的建设。随着信息技术的发展,不少图书馆开始走向数字馆藏资源的自我建设[4]。

2. 馆藏资源的自主建设

数字图书馆作为拥有一定资源和专业化人员的机构,所拥有的数字资源是经过筛选、加工、序化和重组,具有完整性和永存性的优质资源。随着信息技术的发展,用户群体对知识和信息越来越挑剔,不少图书馆结合自身资源优势,通过特色馆藏资源进行了数字资源的自我建设。如国家图书馆就针对自己的文献信息资源优势建立了古籍文献数据库,北京大学图书馆利用自己在高等教育方面的优势与清华大学图书馆、天津大学图书馆等高校图书馆共同建立了高等教育数字化文献库。通过特色资源建设的方式,数字图书馆很好地发挥了自身的资源优势。

3.1.3 资源生产与获取路径的优化分析

1. 数字出版平台和数字图书馆的融合有利于资源获取的互补

数字图书馆和数字出版平台都是在网络技术和数字化技术等高新技术不断发展的基础上产生的从事数字资源的组织与提供服务的机构。从上述数字图书馆和数字出版平台的数字生产路径我们可以看出,随着互联网等网络的发展和计算机技术、通信技术、存储技术等高新技术的发展,二者对技术的依赖性在不断加强。根据协同理论,两者在时间结构、空间结构或时空结构中互相影响,从而形成了不同的技术优势,数字图书馆在标准化方面的技术优于数字出版平台,而数字出版平台在版权保护、数字化信息资源生产和保护方面胜于数字图书馆。数字资源的建设最终是为了服务读者。两者都希望通过提高用户对数字资源的利用率,共同推进数字资源的广泛传播与发展,显然两者融合可以通过技术合作帮助彼此对技术薄弱的部分进行建设,也可以减少人力、物力等不必要的资源浪费,在此基础上还可以实现数字资源的部分共享。

数字出版的优势有助于数字图书馆的发展与推广。首先,数字出版物成本价格较低。数字出版免去了传统出版运作流程中的印刷、运输、销售等环节,有效地降低了出版物的成本,根据相关资料统计,在保持给作者的版税和出版社收益不变的情况下,电子图书价格只有纸质图书价格的三分之一左右。其次,数字出版高效的竞争和运作机制能够为读者提供更为优质廉价的阅读体验,培育并改变读者的阅读习惯,吸引更多的读者和创作者。这样,数字出版就能为数字图书馆培育更多的受众,提供更多的数字资源。再次,数字出版在市场竞争的激励下拥有丰富多样的阅读载体。数字出版在一定程度上降低了出版的门槛,使得更多的作者可以发表自己的作品。最后,在当今的信息时代,大部分人拥有一部或若干部与网络互联的电子设备,这些设备可以成为公众的阅读载体,使读者可以利用碎片化的时间进行阅读,突破了地域时间限制,这种优势会吸引越来越多的读者加入数字阅读的行列。丰富的阅读载体同样会成为图书馆数字资源的阅读平台和推广媒介。

2. 自助出版与开放存取理念为深化融合提供了路径

技术作为数字出版平台与数字图书馆合作的重要支撑,是决定其合作效益的关键因素。在信息技术的发展与市场的检验下,由数字出版机构推动的自助出版成为业界关注的重点。在自助出版的推动下,数字图书馆借鉴自助出版的理念与技术,即图书馆不再局限于传统的出版方式,而是借助网络来保存或发行自己的作品,从而实现了特色馆藏资源的建设。开展图书馆自助出版合作既符合双方利益,也促进了两者之间的积极探索。如方正"阿帕比"与国家图书馆的合作,将国家图书馆的重要资源——馆藏专著、学术研究等采用数字化手段进行整合,以音视频为手段,从而创建了具有特色的少数民族古籍数字化平台,也有效增强了双方在各自市场上的竞争优势。

随着自助出版理念的逐渐推广,加快"开放存取"(Open Access,OA)理念的实践也需要两者的融合。"开放存取"即通过新的数字技术和网络化通信,让用户可以不受时间、空间的限制,通过网络免费获取各种文献,从而用于科研研究和其他社会活动。"开放存取"概念来自国外,2001年12月,开放协会研究所在布达佩斯召集了一次有关开放存取的国际研讨会,并起草和发表了"布达佩斯开放存取倡议"(BOAI),希望通过开放存取,在尊重和保护作者权益的前提下,利用互联网为用户提供免费全面化的学术资源服务。在国外,开放存取被提出以来,OA期刊、OA存储发展迅速。开放存取期刊名录(DOAJ)为其代表,旨在为用户提供期刊的一站式服务的它从2003年创立到现在发展态势良好,容纳了数字出版平台、图书馆、图书馆联盟等众多组织与机构。但是,我国的开放存取还是处于起步阶段,探究者较少,并且首先践行的是数字图书馆,而非数字出版平台。[5]

从其目的来看,开放存取可以说是数字图书馆主动与数字出版平台融合的一种体现,随着开放存取形式的完善与发展,开放存取期刊、开放存取书目等形式使得数字出版的服务多样化。我国也有相关机构在进行尝试,中国科学院文献情报中心机构知识库,制定了明确的推进开放存取的框架,在此战略的推动下,中国科学院文献情报中心机构知识库凭借着丰富的学术资源,在进行开放存取的出版服务中已经形成了一定优势。此外,中国高等教育文献保障系统(CALIS)通过多种数字资源的整合,旨在使信息资源共建、共知、共享,从而为中国的高等教育服务。但是遗憾的是,无论是用户还是出版机构,对于"开放存取"的认可度还是较低,但是"开放存取"对于保持数字出版资源的可持续性和推动数字图书馆建设的作用是不可忽视的。因此两者融合能推进对彼此技术的认同,从而优化生产路径,加强资源建设。

3. 数字出版平台和数字图书馆处理数字资源的特点为两者协同发展提供了可能

从目前来看,数字图书馆资源增长速度低于数字出版平台的增长速度。服务于公众的数字图书馆须购入更多的数字出版产品,降低读者的搜索成本,提高在线读物的阅读体验,改进图书馆的资源组织方式,提高图书馆的资源运作效率。对数字出版平台而言,当前的重点是明确定位自己的资源范围,更好地同网络电商分工协作,注重培养品牌价值与用户黏性,将更多精力放在数字出版物的质量上。而网络电商应通过技术手段不断提高用户的阅读体验,积极推进数字资源的推广与宣传,以防止数字出版商既出版产品又发布阅读平台等出版市场无序现象的发生。[6]数字图书馆可以与网络电商合作,拓展自己的资源服务模式;同时也大力加强与数字出版平台的融合,通过外包、购买、协助自建等方式,提高自己的数字资源质量,更好地服务读者。当前来看,数字出版平台产品通过数字图书馆为社会提供广泛服务是推广全民阅读、促进终身学习的有效途径,因此二者的协同也有着深厚的外部基础。

3.2 数字资源配置特点分析

随着信息技术的发展和媒体技术的细分,数字领域出现了越来越多的呈现形式,图像、视频、音频、AR/VR等技术的发展为数字资源的配置提供了更广阔的空间,而数字出版平台和数字图书馆也根据自己的资源特色形成了不同的资源配置方式。

3.2.1　数字出版平台资源配置特点

1. 产品服务形式多样

在准确定位的基础上为读者提供不同的产品与服务形式,是数字出版平台在进行资源配置的一个主要的原则。随着数字出版平台类型的不断发展,其提供的产品与服务形式也更加多样化。以某数字出版公司为例,其核心的工作是生产一次创作、多元使用的知识产品。第一类是印刷型产品与服务,可以选择性提供印刷型的书、刊、报、会议论文。第二类是数字型产品与服务,包括数据库、知识库等,也包括以硬件为载体的内容,如优盘类的数字产品。第三类是角色型产品与服务,如慕课、在线直播等自主型、体系化、以人为核心的产品形式。显然数字出版在资源配置方面形式灵活多样,在基于可扩展标记语言(XML)产品的运用上,可以将大量的数据进行碎片拆分,然后再根据不同的用户需求,将资源进行重组,以实现数据资源的再出版。同样地,针对数字资源使用设备、阅读环境的不同可以形成不同的资源配置形式,如PC端与手机端,室外宽屏与手持终端的展示。

2. 配置渠道丰富多元

随着数字出版平台的逐步成熟,其资源配置的渠道也更加丰富,对于智能手机用户,可以开发手机端App渠道的数字资源;对于传统PC机用户,可以开发网页浏览渠道的数字资源;等等。在多样性的配置渠道下,也形成了多样性的服务,用户在获得数字资源的同时,还可以获得其他的附加服务,如针对主体服务的增值性服务、为解决当前资源利用问题的互动性服务等。当然这种配置渠道的丰富,离不开数字出版技术的运用,数字出版平台的起步虽然落后于数字图书馆,但是其发展速度却明显快于数字图书馆,主要由于其资源配置受市场影响较大,社会资本介入也比较多。

3.2.2 数字图书馆资源配置特点

1. 存储介质多样化

互联网和信息技术环境中的读者与传统环境中的读者有了很大区别,前者对信息的需求呈指数级快速上升,而随着海量信息的发展,读者使用和阅读数字资源的习惯也发生了很大的变化。资源配置最终还是要服务读者,在此形势下,数字图书馆在进行资源配置时,也形成了多样的存储形式,由传统图书馆单一的文字形式变为以光盘塔、镜像站点、云存储多介质存储文字、图像、声音、动画等多种信息资源的形式。根据不同的媒体类型、文件类型还形成了不同的文件存储格式和压缩方式,通过这种多样化的存储介质与存储格式,为读者便利、高效地阅读和学习提供了保障,有利于数字图书馆最终实现其知识服务的目的。

2. 信息资源检索智能化

数字图书馆已经经历了一个较长时间的发展过程,以智慧图书馆为核心的数字图书馆建设提上了日程。以信息技术为核心的资源共享环境下,从读者服务和用户的服务到数字图书馆的管理,都在不断突出人的理念。在此形势下,数字图书馆的信息检索更加智能化,为满足读者对数字化资源的合理有效利用,数字图书馆的信息检索技术也在不断地发展进步,其信息检索技术经历了文本信息检索、文本挖掘、多媒体检索、跨媒体检索和可视化的检索过程。当前数字图书馆的资源配置为智能化检索提供了便利,用户在一个界面就可以检索到不同类型数据库。智能化的检索来自各数据库资源的良好配置,资源检索提高了效率,才能更好地为读者服务。

3. 信息资源传播不受时空的限制

数字图书馆作为分布式系统,可以分别承载访问,累计的访问量远大于一个数字出版商承载的访问能力,数字图书馆通过互联网上网服务,使在任何地方用户都能够随时随地获取所需的大量的分散在不同存储处的相关信息资源。比如国家图书馆的"中华古籍资源库",将原来的纸质图书通过扫描等手段转换为数字图像文件,然后对数字图像进行检查加工,加入书目信息,之后将这些内容导入数据库中。同时进行程序开发,前端提供检索、浏览、查询等功能,通过前端调取数据库中的文献,使读者可以在远程终端上直接阅读这些古籍。此外,数字图书馆具有公共文化服务职能,国家对文化馆、博物馆、图书馆的支持更偏重社会效益。数字图书馆可以实现某个地区的免费覆盖,而数字出版平台难以实现这种区域覆盖。

3.2.3 两者资源配置属性分析

1. 都是汇集文化知识的场所

数字资源的最终配置是要服务于知识发展的,因此可以说数字出版平台和数字图书馆都是汇集文化知识的场所。[7]网络的发展使得不同地区、不同类型的图书馆间信息资源共享成为可能。作为汇集文化知识的场所,数字图书馆和数字出版平台也产生了不同的功能变化,随着数字图书馆的发展,其功能也应该相应改变。其具备了一定的出版功能,如编著二次、三次文献,编辑有关的电子型文献出版物或自己的特色数据库。如果与数字出版平台合作,可以解决数字图书馆资源数字化的版权问题及出版的部分技术问题。就数字出版平台而言,数字图书馆是其最重要的用户,也是宣传其产品的重要渠道,而且数字图书馆的馆员更了解读者的需要更容易把握出版方面的趋势和方向,可以帮助出版社选择最能让读者接受的出版方式。数字图书馆和数字出版平台在数字化信息资源的市场上属于供需关系,二者相互依存,缺一不可。[8]总之,数字图书馆和数字出版平台是相互依存的,未来会有更深入的联系,它们之间加大合作是必然趋势。

2. 建立资源信用需要两者融合

网络的发展使得不同地区、不同类型的信息资源共享成为可能。但是在数字资源配置多样化的情况下,我们需要关注的还有资源信用,包括资源的科学性和资源传播的精准性。

资源的科学性离不开专业人才的审核和判断。数字图书馆馆员因为长期的工作积累,在信息检索、分类、整合与组织等方面具有明显的专业优势和辨别能力,而数字出版人员则在产品设计、市场营销、数字技术与媒体等方面具备专业能力,两者的融合能够在提高用户服务的基础上,同时提高资源的科学性与专业性,如泉方科技与众多高校图书馆合作,就是发挥各自的行业优势。[8]泉方科技发挥了其在数字技术上的优势——云平台服务技术;而各高校则在资源的专业性上发挥优势,为读者提供了学术论文、学科指标与课题分析等比较有权威的数字资源,这样的合作显然在用户的心中建立了一定的资源信用,达到了双赢。数字图书馆借助该合作,拓展知识服务边界,得到了一定的经济效益,数字出版平台也很好地打开了自己的空白市场。

两者的合作有助于提高资源的精准性,将潜在用户发展为现实用户。数字图书馆人员可以通过用户行为数据分析,在后台观察数据的使用率和下载率,分析用户的兴趣与潜在需求,数字出版平台人员可以在数字图书馆提供的数据上结合用户反馈意见和建议[9],在权威数据的支持下对数字资源的内容进行调整和改进,实现数字资源的个性化选择与推送,进而提高数字资源的使用率。

3.3　数字资源传播模式分析

3.3.1　数字出版平台传播模式特点

1. 传播具有营利性

数字出版平台是通过对传统文献的数字化加工或者直接建立数字内容

生产流程等方式生产文字、图像、音频和视频等表现形式的数字化信息资源,并通过生产和销售获取利润的机构,数字出版平台一般是以营利为目的。从市场竞争的角度出发,数字出版平台很难将自己独有的数字资源面向社会共享。数字出版平台希望通过其垄断的数字资源获得收益,在以营利为目的的宗旨下,数字出版平台会根据读者、用户、市场定位的不同,设计不同的产品形态,从而来实现利润的最大化。数字出版往往把传播看成一种推广和促销模式,在向读者提供知识服务的时候,更多考虑的是其成本和收益。数字出版平台作为知识付费的代表,其在资源定价方面有着自己的商业经营之道,比较显著的特点就是以高额定价来维持自己的经济效益。当数字资源的新颖性消失后,平台会很快将之转入免费领域,用以吸引用户,博取注意力经济。

2. 传播具有主动性

数字出版平台充分利用网络技术与信息技术,使其数字资源的传播更加具有主动性。比如不少数字出版机构会通过多种途径开发自己的平台和数字资源,在此基础上运用各种营销手段,投入一定的广告、发布音视频、点击阅读条链接到目标位置、定期投送、定向邀请一定数量的人群,从而吸引读者去关注自己的数字资源。而数字图书馆作为内容服务提供者,往往是用户通过需求自己查找相关资料,其主动去向读者或者用户提供数字资源的导向性较弱,因此相对于数字图书馆,数字出版平台的传播上具有较强的主动性。

3. 传播具有排他性

排他性是指当消费者为某种产品或服务付钱之后,他人就不能享用此产品或服务所带来的利益,即在一个特定的方式下使用一种稀缺资源的权利。这种权利的行使,既可以是产权拥有者决定谁可能使用一种资源的权利,也可以通过资源的实际授权使用而体现。而在数字资源的传播上,数字出版平台的传播具有明显的排他性。数字出版的目的是出版商将文献以二进制的形式最终生产出来并形成销售,他的对象既包括最终使用者也可能包括数字图书馆这些机构,为了保证其数字产品能够销售而非免费使用,必然采取一些技术和非技术手段,保证这些数字文献只能用于合法用户。

3.3.2 数字图书馆传播模式特点

1. 传播具有公益性

公益性是数字图书馆在传播过程中不同于数字出版平台最主要的特点。数字图书馆面向使用者是免付费的,数字图书馆向有限的数字资源、信息服务商、出版商付费获得永久使用权,这个是数字出版平台服务无法提供的,这种公益性的传播特性与数字图书馆的发展和性质是分不开的。数字图书馆早期的建设是由国家投资的,为了实现信息资源利用的社会效益最大化,扩展数字资源使用的覆盖面,这些数字图书馆往往会通过整合出一个数字内容服务平台,为读者提供检索、阅读和下载数字资源服务。例如,中国高等教育文献保障系统(China Academic Library & Information, CALIS)[10]就是国家投资建设的公益性数字图书馆,其以服务高校师生为目的,读者在检索或者使用信息资源时,往往不用支付任何费用。

2. 服务方式多样化

为了使读者获取资源更加方便和快捷,数字图书馆开始向更智能的智慧图书馆的方向发展,因此在数字资源的传播服务方式上也更加多样化。首先提供电子邮件、实时通信软件等方式的咨询服务,读者可以通过实时交互、网络协作完成咨询;其次提供个性化服务和知识服务,即在知识服务的理念下,针对读者形成了个性化推动服务和定制服务,根据读者的浏览和相关查阅,定时发送相应的推荐;最后提供相应的文化传播服务,即用户可以通过数字图书馆获得最新的数字化信息资源,并在此基础上完成自动借阅、自动还书等服务,这种多样化的服务模式为文化传播和全民阅读提供了强有力的支撑。比如国家图书馆数字图书馆工程、中央党校数字图书馆工程，其所形成的虚拟参考资源系统、馆际互借系统、互联网信息采集系统就为读者提供了多方位的服务。其数字图书馆主要以本机构IP和本机构用户服务为主。每年投入大量资金进行数字化、互联网信息采集、地方特色资源加工、购置信息服务商和出版商的资源和服务。其信息采集关注的是数字化加工、购置数字资源和购置资源服务、机构个人资源的收集与共享、基于互联网的主题和专题的信息收集与整理。在数字资源的存储上是将大部分数字资源存储在图书馆，避免因外网故障或者出版商与信息服务商倒闭无法提供服务。该发布模式主要有检索——链接模式、专题专栏模式、虚拟参考咨询服务、馆际互借、查新查证等服务模式。

3. 数据具有共享性

越多的人使用越能实现数字图书馆的价值，因此往往会鼓励读者使用，甚至采取一些VPN等手段，让尽可能多的读者远程使用。囿于资源有限，多个数字图书馆往往会结成联盟，共建联合目录，实现图书馆间的数字资源共享。因此，数字图书馆的数据具有共享性。而基于平台的一些互联网机构，也建立了"共享性"的数字图书馆，如百度文库等平台，为用户和读者提供一个开放的平台，用户可以上传同时也可以付费下载一些文献资源，但是显然这些数据的上传对于数字资源的版权保护是十分不利的，因此需要加强其在数字资源版权相关方面的管理。[11]

3.3.3 传播模式的博弈需要两者融合

1. 都是以服务读者为对象

无论是公益性的服务还是营利性的服务模式，数字出版平台和数字图书馆的数字资源的传播都以读者为服务对象。无论是读者直接购买数字出版平台的信息资源还是通过数字图书馆获取免费信息资源都是数字化信息

第3章 数字出版平台与数字图书馆的资源融合可行性分析

资源的利用过程。读者在通过数字图书馆阅读数字资源时,对数字出版平台来说也是有利的,这一过程可以使其数字资源得到更好的传播,出版平台品牌形象得到宣传;读者通过数字出版平台阅读数字图书馆没有的数字资源时也可能向其推荐,丰富数字图书馆的数字馆藏,推动数字出版平台产品的销售。因此,随着读者对两者使用广度和范围的不断加深,数字图书馆和数字出版在未来的联系会更加深入,融合将是它们发展的必经之路。

2."网络共读"模式为两者融合提供了支撑

为了打破对数字资源阅读的低质量和低效率,一种新型的阅读形式兴起——网络共读模式。网络共读模式充分发挥了互联网阅读所具有的互联互通特性,从"个体阅读"转化为"组队阅读",深受读者的喜欢,目前这种阅读方式在"有书""十点读书"等数字出版平台的App受到读者欢迎,这种分享模式不仅提高了阅读质量,而且加强了读者之间的沟通。显然,"网络共读"的这种模式与数字图书馆和数字出版平台旨在通过数字资源的传播提供知识服务的目的是相同的。随着数字图书馆和数字出版的发展,其对数字资源的内容质量要求也更高,更希望为读者提供高质量的数字资源。"网络共读"模式吸引读者的,就是能够为读者提供一些富有内涵的精品图书,显然读者对于精品图书的追求与二者的目的也是相符合的,随着网络共读形成的"互动"效益不断扩大,数字图书馆和数字出版也将在其环境下形成更好的发展。

3. 存在竞争但不存在冲突

数字图书馆与数字出版平台存在竞争,但尚不存在冲突。数字图书馆与数字出版平台的需求可以形成互补,取得共赢。我国大多数的数字图书馆是非营利性的,其目的是服务公众,使国民享有平等地获取知识的权利。因此,公共数字图书馆只向读者收取低廉的成本费用或者免费向读者提供检索、阅览、下载等服务;高校和科研机构的图书馆也向其读者提供不同程度的免费数字资源。而数字出版平台的目的是通过网络和各种媒介发行自己的数字出版产品以获得商业利润,因此消费者在数字出版平台使用资源的成本一般要远远高于在数字图书馆的阅读。两者虽都是为读者提供数字资源,但在阅读对象相同的情况下,非急迫性的理性的消费者必然会选择数字图书馆。数字出版商会在这种不平等的竞争条件下逐步减少市场份额,或者持续开发新的内容产品和服务,保持内容的新颖性和先导性。这样,内容新颖性的消费者和知识普及性的阅读者很快泾渭分明,形成两个不同的阅读市场。犹如传统图书市场针对新书新刊饥渴营销、专供专卖,而针对旧书旧刊进行打折销售,但是二者都不乏大量的读者受众。因此,数字图书馆与数字出版平台存在竞争,但不存在冲突,数字出版平台与数字图书馆资源融合示意图如图3-1所示。

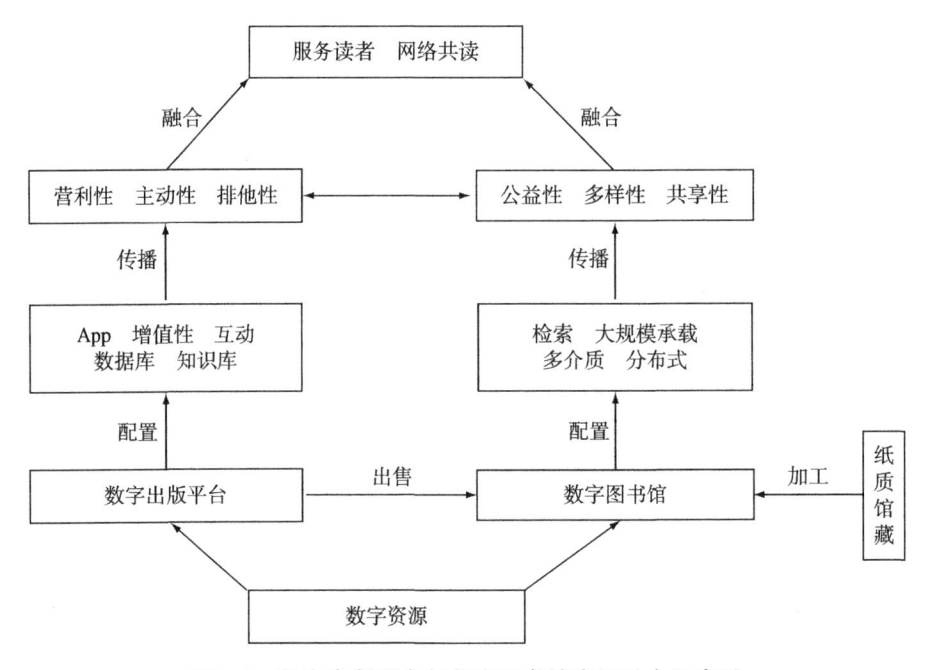

图3-1 数字出版平台与数字图书馆资源融合示意图

3.4 小结

以营利性为导向的数字出版平台和以公益性、共享性为导向的数字图书馆，两者在数字资源的生产路径、配置方式、传播模式上有着很大的不同，但是从二者最终以服务读者、成为知识的汇集地为目标来看，两者在资源匹配上具有明显的融合趋势。本章以数字出版平台与数字图书馆相互依存的态势为出发点，从生产路径、配置特点、传播特点三个方面出发探究其合作策略。

从数字出版平台的数字资源的生产途径来看，其生产主体的多样化使资源也呈多元化分布。资源生产主体可以分为以下三种：①以传统出版为主，信息技术为辅的基于内容资源的数字出版平台；②基于运营为主的数字出版平台比如中文在线、知网等；③以技术开发为主，传统出版为辅的基于技术的数字出版平台如汉王、阿帕比等。从数字图书馆的数字资源生产途径来看，数字图书馆的数字资源获取路径主要有两种方式：一是从数字出版机构购买；二是馆藏资源自主建设。两者都依赖于数字技术的发展，两者的融合可以优化生产路径，加强资源建设。

从数字出版平台的配置方式来看，其特点如下：①产品形式多样化，可分为印刷型、数字型、角色型；②配置渠道丰富化，可分为移动端和网页端。从数字图书馆的配置方式来看，其特点如下：存储介质多样化、信息资源检索智能化、信息资源传播不受时空限制。两者都是做文化知识传播，建立资源信用需两者结合。

从数字出版平台的传播模式来看，其通过市场营销吸引读者，具有排他性；从数字图书馆的传播模式来看，其用户通过需求自寻资料，服务方式多样化，具有数据共享性。数字出版的产业链可以分为内容提供商、平台运营商、技术开发商、终端分销商。数字图书馆与数字出版机构产业链的传播模式的融合都需要以服务读者为对象。

【参考文献】

[1] 隗静秋. 我国图书馆出版模式探析[J]. 科技与出版, 2016(9): 116-119.

[2] 董利军. 信息化背景下高校图书馆数字资源建设研究——评《数字图书馆资源建设与服务》[J]. 中国科技论文, 2020, 15(1): 138.

[3] 张新新. 数字出版概念述评与新解——数字出版概念20年综述与思考[J]. 科技与出版, 2020(7): 43-56.

[4] 肖玲玲. 区域一体化背景下图书馆资源共建共享与服务联盟研究[J]. 出版广角, 2020(16): 84-86.

[5] 牛晓宏. 论数字出版机构与数字图书馆的竞争与合作[J]情报资料工作, 2015(4): 94-97.

[6] 刘兹恒, 涂志芳. 学术图书馆参与数字出版的动因与条件分析[J]图书情报工作, 2016(3): 32-36.

[7] 常雅红. 学术图书馆参与数字出版的角色和模式分析[J]情报探索, 2017(4): 89-91.

[8] 董伟. 数字出版平台与图书馆跨界合作的利益冲突、链式逻辑与协同路径[J]出版广角, 2018(10): 42-44.

[9] 贾宁芳. 数字出版与数字图书馆的博弈分析[D]哈尔滨: 黑龙江大学, 2014: 57.

[10] 唐贾军. CNONIX标准和ISLI标准的互通应用研究[J]. 出版参考, 2018(10): 5-9.

[11] 张晶. 从相加到相融, DRM与ISBN标识符深入融合探析[J]. 科技与出版, 2019(9): 101-105.

第4章
数字出版平台与数字图书馆的技术融合可行性分析

4.1 数字出版平台与数字图书馆的关系

4.1.1 技术具有通用性

在当前迅速发展的互联网时代，随着媒体融合的到来，各种新技术如雨后春笋般不断涌现。这些技术并不是孤立存在的，或多或少都与其他技术存在着一定的联系。从技术结构上来说，当前数字出版平台与数字图书馆的相当一部分核心技术内容，并不是其自身所独有或独占的，而是二者皆用来构建自身技术体系结构的重要内容。诸如云计算、大数据、人工智能等技术，在数字出版平台与数字图书馆的内容资源管理体系及提供知识信息服务等方面发挥着重要作用。例如，云计算技术，在数字出版平台中，可以利用其完成数字内容资源的管理与协同发布工作，而在数字图书馆中，更是处于核心地位。无论是数据的存储、运算还是资源的即时调配，都离不开云计算技术的支持。大数据、人工智能等技术亦如此，在相当多的领域都有着广泛的运用。

4.1.2 体系具有协同性

数字出版平台与数字图书馆在构建各自的系统体系时，同样离不开上文所述这些共通技术所构成的体系框架。如数字出版平台的选题策划与协同采编体系、结构化加工制作体系、全媒体资源管理体系、多渠道发布体系等，均与数字图书馆的数字资源发布与服务系统、文献数字化加工系统，在技术层面上存在着众多共同点与可堪借鉴之处，二者在体系构建方面完全可以互相借鉴，促进共同发展。

如第二章论及的协同理论所述，在数字资源的生产传播融合这一整体化的系统中,数字出版平台与数字图书馆作为两个独立的子系统,其相互之间的协同配合更胜于二者的单独发展。在数字出版平台与数字图书馆的技术融合过程中,二者不仅在共同技术方面可以共同开发合作,完善彼此的技术储备和现有技术的更新迭代,同时也能够更好地促进资源的优化配置,不必再各自闷头发展,而是互学互鉴,相辅相成。

4.2　数字出版平台的支撑技术分析

4.2.1　文档文本技术

1. 文本技术

目前数字出版产业中主流排版格式主要分为版式排版和流式排版两种。前者版面固定,不会根据用户对阅读字号、行距的缩放对内容进行重新排版,常见的如PDF格式。流式排版是指内容可以根据用户对阅读字号、行距的缩放自动进行调整,以使内容适应页面范围,常见的如ePub格式、MOBI格式。

2. 文档技术

文档技术可以看作文本技术的向外延伸,除了ePub格式、PDF格式等文本技术外,微软开发的XPS格式,方正开发的CEBX格式等都是文档技术的一部分,目的是通过应用软件将流式排版实现自动化。

可扩展标记语言(Extensible Markup Language,XML)是一种简单的数据存储语言,使用一系列标记描述数据,用于标记电子文件使其具有结构性。这些标记是一个公共格式,不依附于特定浏览器。[1]XML技术是目前用来处理非结构化数据或结构化文档最有力的技术,是实现内容资源"一次制作、多次发布"最有效的工具。是发布数字资源的关键技术。XML可以用来标记数据、定义数据类型,是一种允许用户对自己的标记语言进行定义的源语言。[2]文档文本技术及与之相关的XML结构化文档技术等不仅是数字出版平台赖以生存的数字资源加工处理的核心技术,同时,其也是文献数字化工程中也不可或缺的。而馆藏文献的数字化、电子化往往正是许多地方在建设数字图书馆时所要迈出的第一步。

4.2.2 数字资源标识与解析服务技术

数字资源标识与解析服务技术,指的是数字资源标识管理系统和数字资源调度和解析服务系统,作者可以利用数字资源标识服务引用参考资料,帮助读者在互联网环境下找到相应的数字资源。同时,出版机构可以利用该系统验证已经获得数字资源标识的内容是否存在,提高参考资料引用的准确率。用户可以点击标识码,标识解析到达所指明的数字内容服务系统,方便阅读相关文献,提高数字内容利用率。

数字资源的标识及解析服务,在数字出版平台中的广泛运用,既方便了创作者及出版方对于现有资源的管理和发布,也便于用户在平台的内容发布系统中更加方便快捷地找到自己所需的内容资源。这对数字图书馆来说,也是相当必要的一项技术。

4.3 数字图书馆的应用技术分析

4.3.1 信息检索

信息检索(information retrieval),从广义上讲是"信息存储与检索",它是指将信息按照一定的方式进行组织和存储,并根据用户需要找出相关信息的技术和过程。信息检索包含了"存"和"取"两个基本内容。[3]其中"存"是指将海量信息进行数字化,并存储在高度组织化的数据库系统中;"取"是指根据用户的信息需要,进行快速、高效、准确的查找,从数据库中获取相关文档资源。狭义的信息检索就是"取"的过程,通常被称为信息查询(information seek或information search)。

传统的信息检索主要包括标引、检索模型、检索评价等重要概念,而对于现代检索来说,智能检索、知识挖掘、全息检索等新兴领域正在成为学界研究的热点。[4]同时,信息检索所依赖的数据库也从存储各种数据的表格延伸到一些新的领域,如数字图书馆和万维网;数据库内容也不再局限于结构化的文本信息,而是扩充了很多复杂的多媒体内容,如音频和视频文件。

从用户角度看,信息需求通过形式化的查询加以明确,检索系统通常提供特定的检索入口以规范查询;从系统角度看,海量的文档资源经过标引后存储于数据库之中;从匹配过程的角度看,候选文档根据检索提问式从数据集合筛选得出,并根据相关度进行排序。检索的结果可以通过用户反馈(user feedback)进一步优化。

无论是数字出版平台还是数字图书馆,面对海量的数字内容资源,如果没有行之有效的高效检索体系,在这一环节需要耗费的时间往往很多。智能检索、知识挖掘等技术的出现为二者提供了更好的检索方式和手段,既便于客户的使用和资源查找,也便于平台与图书馆的运营和管理者更好地管理自有资源。

4.3.2 语义网与本体

1. 语义网

语义网(Semantic Web)是在万维网基础上提出的一种构想、扩展和延伸,其中的信息被赋予明确的定义,使计算机与人之间能更好地交互、合作,支持人机协同办公。[13]语义网可以为加工与整合从异构信息源中获取的数据提供统一规范的格式,其主要处理对象是文档所包含的数据。从根本上说,语义网是有关资源的网络,每一种资源都由统一资源标识符唯一确定。

语义网上的资源都使用元数据进行描述。

2. 本体

本体是语义网的关键组成部分,它的应用非常广泛。首先,它可以用于网站的组织和导航。其次,它可以用于提高网络搜索的精确度。同时,本体还广泛应用于知识管理、自然语言处理、电子商务、智能信息集成、生物信息学和教育等信息领域。本体的结构件需要一些特殊的语言,如XML、RDF或OWL。[14]随着本体数量的不断增加,根据数据的相关性关联数据的构想被提出并不断加以完善。

面对数字图书馆中海量的数字内容资源,传统的内容资源检索方式可能无法很好地做到精准快捷地检索。而语义网技术通过对不同资源间的内在联系进行规范标识,大大提高了信息检索的效率,同时也提升了用户的使用体验。

4.3.3 自动文摘

文本摘要,简称"文摘",是对文献的中心思想所进行的简单、准确的描述,它是人们处理和传递信息时常用的一种资料。中华人民共和国国家标准《文摘编写规则》(GB/Y 6447—1986)中,"文摘"被定义为:"以提供文献内容梗概为目的,不加评论和补充解释,简明、确切地记述文献重要内容的短文。"相应地,文档自动摘要就是自动从文档或文档集合中摘取精要或要点,其目的是通过对原文本进行压缩、提炼,为用户提供简明扼要的内容描述。随着文献数量的急剧增长,人工编写文摘的低效率和高成本的问题逐渐凸显出来,因此人们开始关注自动文摘的编制技术。

从理论角度来看,对自动文摘的研究将有助于构建人类理解和概括自然语言文本并从中提炼有价值信息的认知模型。从实用性角度来看,自动文摘系统的使用将大幅度降低编制文摘的成本,缩短原始文献出版和文献出版之间的时间间隔。此外，互联网上的数字化信息急剧增长，要想在信息的海洋中找到所需信息，不仅需要先进的信息检索技术，还应该拥有一个能自动提炼信息的智能系统，方便用户对信息作出甄别。

4.4 数字出版平台与数字图书馆的共有技术

4.4.1 人工智能技术

人工智能（Artificial Intelligence，AI），是研究、开发用于模拟、延伸和扩展人的智能的理论、方法、技术及应用系统的一门新的科学。人工智能是当下数字技术发展的最新阶段和最新成果之一。[5]

人工智能目前没有一个统一的定义，美国斯坦福大学人工智能研究中心尼尔逊教授下过这样一个定义："人工智能是关于知识的学科——怎样表示知识以及怎样获得知识并使用知识的科学。"

人工智能在机器学习、智能翻译、智能搜索、智能教育、语音识别等方面被广泛地应用。[6]

在数字出版平台与数字图书馆的实际运用过程中，人工智能技术大放异彩。在选题策划、用户画像、数据挖掘、个性化服务定制等方面，发挥着越来越重要的作用。例如，数字出版平台的内容审核部分，如果采用人工审核，不仅费时费力，人力资源成本也是高昂的开支。而如果采用人工智能技术，则不仅可以提高审核效率，同时也能降低运营成本。而数字图书馆的资源管理与数据挖掘系统，更是离不开人工智能的深度应用。

4.4.2 AR/VR 技术

增强现实（AR）和虚拟现实（VR）是两种不同的显示技术，AR 提供的信息同周围环境和场景保持实时联系，VR 则完全替换了我们的视觉世界。

作为一种新的技术,VR所带来的沉浸感、交互性与构想性被看作最具潜力的新媒体形态。[7]VR技术当前不仅用于游戏产业,也已应用于出版领域。如人民卫生出版社依托此技术生产出的《人卫3D系统解剖学》是针对人体解剖教学研发的一系列教程,该产品已被应用于医科类院校。同时,AR电子书也是当代出版的一个发展趋势。AR电子书已应用到了童书出版领域。数字出版平台对AR技术的发掘和使用也在不断地精进。

当疫情发生时,人们出行受限,各地的博物馆、美术馆等纷纷开展了线上游活动,用户通过VR技术可以在互联网上畅游展馆,虽然还不能做到尽善尽美,但已足以满足基本的需求。数字图书馆也是一样,虚拟数字图书馆的出现让用户能够以更为直观明了的方式对馆藏资源有一个初步的了解,同时也方便了接下来的资源查找与使用。

4.4.3 区块链技术

区块链技术从广义上来讲,就是利用区块链式数据结构来验证与存储数据、利用分布式节点共识算法来生成和更新数据、利用密码学的方式保证数据传输和访问的安全、利用由自动化脚本代码组成的智能合约来编程和操作数据的一种全新的分布式基础架构与计算方式。[8]区块链可以分为三类:公有区块链、私有区块链和联合区块链。

区块链的特征主要包括去中心化、时序数据、广泛参与性、安全可靠性、可编程等。[9]其具有代表性的创新点可以归结四个方面:①分布式账本。②做非对称加密和授权技术。③分布式节点的共识机制。④灵活可编程的智能合约。此技术在数字版权保护中受到了广泛的关注。由于区块链技术的广泛运用,如时间戳、智能合约、非对称技术等在版权交易、数字资源的使用方面,发挥着相当重要的作用,使得数字版权保护不再鞭长莫及。

区块链技术除在数字出版平台中已经得到相当广泛使用之外,在数字图书馆的馆藏资源管理中也发挥着重要的作用。2021年,国家图书馆推出的"中国战'疫'记忆库"项目,也同样是区块链技术的新应用。

4.4.4　5G技术

5G是新一代无线移动通信网络,具有超高速传输、低延迟、宽覆盖的特征。[10]5G技术推动着新闻出版业向着数字化、数据化、智能化的方向发展。

5G涉及的关键技术很多,包括:超密集异构网络技术、自组织网络、内容分发网络、设备到设备通信、机器对机器通信、信息中心网络、移动云计算、软件定义网络、软件定义无线网络、情境感知等。[11]其中与出版密切相关的技术主要包括:分发网络、移动云计算技术和情境感知技术。

5G技术以其强大的网络速率、储备容量以及极低的通信时延,为数字出版产业带来了巨大的变化。多媒体技术方面的体验最为直观,以音视频等方式呈现的出版物传输更为迅速、播放的过程更为流畅、损耗与延迟更低,大大提高了用户的使用体验。

4.4.5　云计算

云计算是通过将海量数据资源存储在服务器而非客户端,使用户连接互联网后通过浏览器、应用软件等客户端访问并使用云端服务器所提供的各项服务。理论上来说,只要可以通过网络连接到云端,就能够随时根据需要访问获取服务器上的内容。[12]云计算是将巨大的数据计算处理内容通过网络分解成若干规模较小的内容,然后通过多台服务器组成的系统进行处理,分析这些小程序,得到结果并将其反馈给用户。

目前的云计算已经成为分布式计算、效用计算、负载均衡、并行计算、网络存储、热备份冗杂和虚拟化等计算机技术同步应用发展的产物。[13]

数字图书馆的工作主要基于对海量资源、用户信息和业务文档等内容的存储与操作。如今内容资源受数字技术发展的影响日渐数字化,以不同格式的电子文本、图像、音像等形式存在,组成体量巨大的"数据云",成为数字出版平台与数字图书馆的业务构成基础。

借助现有的云计算服务,数字图书馆可以将业务内容进行迭代升级,从本地化向互联网云端业务转化。不同类型的用户可以不受硬件所有权限制,利用任意终端通过专有账户进入个人页面可以进行不同操作。而在信息推送方面,云模式下的大量终端通过整合,可以提供强大的计算能力,可以迅速对海量业务数据开展分析、处理,在短时间内挖掘出有效信息,并利用大数据技术梳理用户使用习惯,协助用户规划浏览内容顺序,还可以实现信息的个性化推送。

4.5 数字出版平台与数字图书馆的技术融合分析

经过对数字出版平台与数字图书馆业务流程和技术分工等内容的分解,可以分别将二者的业务流程划分为三部分,如图4-1所示。

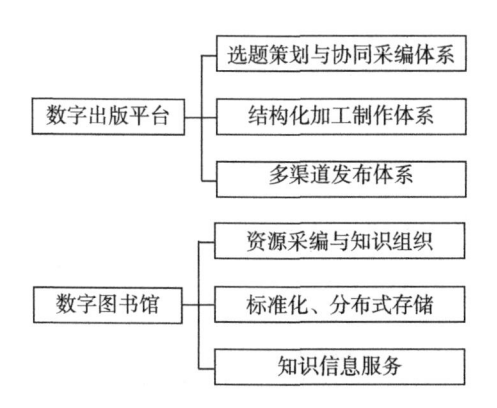

图4-1 数字出版平台与数字图书馆业务流程

通过对以上几项同质性要素进行整合,可以总结出数字出版平台与数字图书馆的主要业务流程中均涉及内容资源的采集、加工、存储、发布等步骤,再通过现代出版技术有机地将二者的流程融合起来,如图4-2所示。经过交流互鉴,提升各自的专业技术服务水平,为使用者创造更加良好的服务体验和环境,增进技术融合的进一步深入。未来,随着媒体融合、出版融合的不断深入,出版业的发展方向主要为知识服务和数字资源的版权保护。

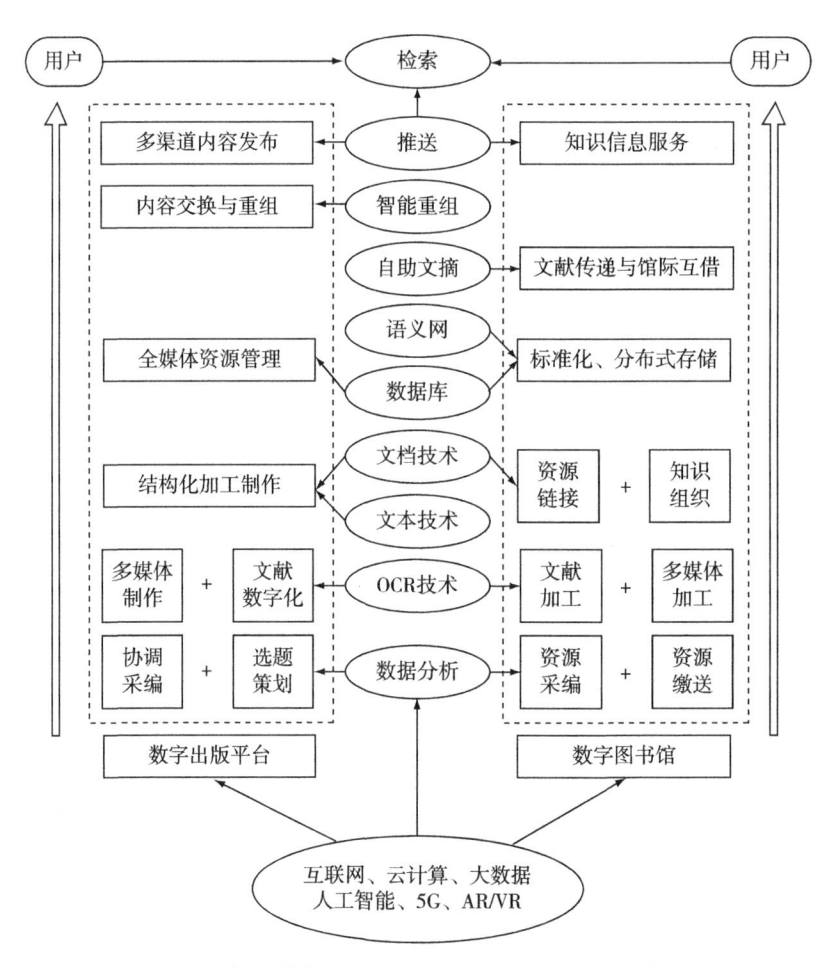

图4-2 数字出版平台与数字图书馆技术融合示意图

4.5.1 数字资源采编与信息组织加工

数字资源指的是以数字化信息形式存储的、具有开发价值的内容集合体。柯平教授指出:"对于数字资源的界定,大部分是从产业角度对内容的界定,是有价值的、可开发的文献信息。"

数字资源作为连接数字出版平台与数字图书馆的一座桥梁,其内容的选取为二者之间的沟通提供了重要支撑。在互联网环境下,数字资源成为数字图书馆文献资源建设的主要内容。而对数字出版平台来说,数字资源无疑是其核心内容。因此,为数字资源服务的若干技术就成了数字出版平台与数字图书馆之间技术融合的重要纽带。

1. 数字资源智能化采编

在"互联网+"环境下,数字资源成为数字图书馆资源建设的主要内容。当前数字出版平台成为众多出版社的首选,也是图书馆用户阅读的首选方式,更是现代图书馆经费支出的优先选择;图书馆文献资源种类更为丰富,既有传统印刷型文献资源,也包括电子文献、多媒体文献以及数字文献等资源。文献资源信息化建设不断加快,电子文献、数字文献等所占馆藏比例不断提升。

柯平教授提出,在数字资源生产流程上,业务以前是采编分流,只能通过直线型流程一个机构操作,现在数字图书馆流程上功能模块化,可以同步进行,没有逻辑链存在,相对独立又相互联系,打破了传统直线型流程,从原来需要机构与馆员共同参与,转换为平台项目化运作。

在大数据时代,数据挖掘是最关键的工作。数据挖掘是在海量的、不完全的数据中发现隐含在其中的、有价值的、潜在有用的信息和知识的过程,也是为了获取资源,提供有效决策的过程。

伴随着人工智能技术的发展,智能化采编系统日趋完善。数字出版商为数字图书馆所提供的数字资源更加精准化。智能采编的基础是对语料的机器学习[22]。语料是人工智能学习的内容,语料库的建立是内容加工前的必要准备。通过机器学习建立起的语料库,能够为后期精准筛选数字资源,建立数字图书馆馆藏资源提供了有力保障。

随着5G技术的商用,信息的采集速度也得到大幅度提升,"5G+AI"的模式,对数字图书馆的数字资源与内容质量也提出了新的需求。同时,数字技术的应用推动着数字出版商提供更多高质量的选题与内容,为数字图书馆提供更优质的内容资源。数字图书馆在数字技术的支撑下,对内容的采编也更为专业化、智能化,更加便捷地匹配到所需的资源。

2. 资源整合与组织加工

数字资源整合是依据一定的需要,对分散无序、相对独立的数字对象进行类聚、融合和重组,将其重新组织为一个新的有机整体,形成一个效能更好、效率更高的新的数字资源体系。

从以文献单元为基础的信息组织系统发展到以知识元为基础的语义网,从对文献信息的描述转向对知识的描述,显性知识整合体现了学术数字资源知识组织管理由表及里的发展过程。从元数据到语义网的数字出版技术,为推动数字图书馆的资源整合与组织提供了不可或缺的帮助。

在数字图书馆迅速发展的今天,数字资源出现了结构化数字内容(数据库)和非机构化的数字内容(办公文件、绘图文件等)。为保证内容生产可以得到更好地兼容处理,半结构化的数字内容(XML文档)得到了更多出版从业人员的青睐。

智能化标引的发展,使得数字出版商提供的数字内容与数字图书馆所需内容形成了更好的匹配。数字资源的整合呈现了显性知识整合和隐性知识整合。二者的区别主要在于显性知识整合基于知识标引和语义检索,而隐性知识整合是基于群体化交流,构建学术团队。二者中,显性知识整合对数字资源配置的作用更为普遍。通过跨媒体语义检索的应用,依托先进的语义信息组织技术,挖掘不同模态信息存在的内在关联,从而促进语义信息高效组织,推动数字化资源整合。

跨媒体语义检索将不同媒体类型的数字化资源,如图像、文本、视频等,通过统一的资源整合服务平台统一起来,避免了根据不同媒体类型分别检索导致的资源浪费,同时也提升了数字图书馆的资源利用率。

4.5.2 信息资源存储与发布

1. 分布式的数字信息资源存储

随着数字资源建设的发展,国家数字图书馆建设将数字资源保存作为研究重点之一,做了大量资源保存相关研究,意在做好数字资源的长期保存、异地容灾存储备份的规划。

前文提到,为确保数字资源安全,可采用分布式数据存储技术加以管理。云计算的数据存储技术具有高吞吐量和高传输率的特点,采用冗余存储的方式来保证存储数据的可靠性,实现了高可用、高可靠和经济性的有机统一。另外,也同时保证了云计算系统能够同时满足大量用户的需求,并行地为大量用户提供服务,这一技术可以有效促进数据存储与服务的高效稳定。

为了保证数字资源的长期使用和存档问题,除分布式存储外,目前常用的几种数字资源保存方式还包括本地服务保存模式、数据库镜像保存模式以及其他保存模式等几类。[14]

(1)本地服务保存模式。可通过建立本地服务对数字资源进行公共存档,保证资源可以长期保存、永久访问。

(2)数据库镜像保存模式。为了加强数字资源的容灾能力,可通过镜像服务器对数据库进行备份,保证用户的正常访问。这种情况下的保存,目前只能说是一种临时性的保存,或者说是为使用而进行的保存。但是这种模式也在一定程度上解决了许可证制度下电子资源使用的后顾之忧。

（3）其他保存模式。除购买本地服务实现数字资源的永久保存和建立镜像站点实现数字资源的临时保存外，其他资源保存方式主要有光盘、裸数据加检索软件、出版商存档、纸本存档、国家级存档等。

2. 多渠道的信息资源发布

数字出版平台在文档技术方面为数字图书馆提供平面文本内容的服务，并在此基础上增加音频、视频、交互等多媒体的呈现形式。同时满足图书对于信息的管理需求。

跨平台阅读技术是指在包括PC、平板电脑、智能手机、手持阅读器等多种阅读终端上可以对数字出版平台内容阅读进行支持的技术。为便于数字图书馆内容资源的跨平台访问，需要结构化版式文档技术。结构化版式文档技术是在文档格式中，同时描述版式信息和文档结构信息的一种文档技术，可支持版式显示或屏幕自适应显示。

在当今阅读终端移动化和多样化的趋势下，屏幕自适应这一特性对文档格式来说，已经成为能否适应移动阅读要求的先决条件。PDF作为纯版式文档，缺少基本的逻辑结构信息，这使得PDF很难像其他有逻辑结构信息的文档格式那样能够针对屏幕范围对内容进行重新排列，所以在智能手机等小屏幕设备上很难获得完美的阅读体验。

为数字图书馆服务的数字出版跨平台阅读技术主要包括3个方面，支持跨平台阅读的文档格式，跨平台阅读客户端软件，以及支持跨平台阅读的数字图书馆服务支撑系统及服务接口。[15]

（1）支持跨平台阅读的文档格式。为了能更好地支持数字图书馆内容资源服务的跨平台阅读，数字出版平台对此一般有两种解决方案：一种是采用PDF+ePub文档格式的方式，另一种是采用结构化版式文档（如CEBX文档格式）。

由于PDF文件具有版式不变的特性，非常适合数字出版平台的需要，其对于各种版式的排版效果都能非常准确地表达，包括字体、字号、数学公式、化学公式、花边、渐变、竖排等各种排版效果,对于色彩的管理也非常好,非常适合在 PC 端的阅读。但由于 PDF 文件所载信息过于丰富,在计算能力非常有限的移动设备上,解析效率非常低,速度比较慢;更重要的是,PDF 由于不带有结构化信息,在智能手机等小屏幕设备上阅读版式显示会非常不便。如果 100% 显示整个页面,则文字内容无法看清;若放大到文字内容可以看清的大小,则一行的内容无法完整展示,需要左右拖动才能看完整。

而 ePub 文档格式则相反,ePub 中含有的信息非常简练,非常适合在移动嵌入式设备中阅读,解析起来比较简单,其内容可以自适应重排,读者无须在整版显示还是放大显示中选择,但 ePub 由于文档格式比较简单,一些复杂的内容,特别是数字图书馆中常见的学术性内容,如图表和公式等,可能无法全部展现。

PDF 加上 ePub 一同解决跨平台阅读的问题,使得二者可以取长补短,是解决问题的方法之一,即在 PC 上使用 PDF,在嵌入式设备中使用 ePub。

但这种方案有一个缺点,就是数字出版平台和数字图书馆需要同时加工和管理两种文档,为管理带来了一定的不便,并且在移动平台上对于学术内容的支持略显不足。

基于结构化版式文档技术的解决方案(如 CEBX 文档格式)是另外一种可选方式。这一技术能够在数字出版机构加工时生成带有逻辑结构化信息的结构化版式文档,数字图书馆购买以后,通过其自身的服务平台进行管理和服务的时候可以只管理一种文件格式,读者也可以只下载一种文件格式,然后根据自己的需要选择显示的方式,并且可以实时切换版式与流式的阅读方式。

(2)跨平台阅读的客户端软件。跨平台阅读的客户端软件需要支持多个平台,主要包括 PC、平板电脑、智能手机、手持阅读器等。跨平台阅读的客户端软件一般需要支持如下功能:电子图书等数字内容文档格式的解析与显示;版面操作;页面笔记功能;翻页功能;全文查找、内容摘录功能;支持播放动画、声音等视频、音频文件。

（3）支持跨平台阅读的数字图书馆服务支撑系统及服务接口。为了能支持跨平台阅读，还需要数字图书馆服务支撑系统及服务接口的支持。数字图书馆服务支撑系统对于不同平台的客户端有不同的处理方法。对于移动阅读的设备，一般采用国际上比较通用的开放式出版发布系统（Open Publication Distribution System，ODPS）进行处理。

为了能使读者在借阅、下载前就了解数字资源内容的相关内容，数字图书馆服务支撑系统还需要提供在线浏览的功能。

4.5.3　知识服务与版权保护

1. 虚拟数字图书馆知识服务

随着计算机和通信技术的快速发展，知识内容面临着复杂的环境影响。在"互联网+"时代背景下，在媒体融合、出版融合形式的驱动下，出版业的发展方向必然是知识服务。数字图书馆具有扩展性知识服务的特点，在数字技术的加持下，数字图书馆的内容逐渐由资源共享向知识服务发展。

柯平教授指出数字图书馆经历了两代，第一代是将资源数据库化，大量扫描建立数据库，功能较简单。第二代功能改变，包含元数据及现代技术应用，由数据库变成平台，包含导航库、全文库、二次文献库资源的整合，与资源的关系越来越密切，平台功能更有价值，功能多样化。

数字图书馆的建设依托于平台建设，数字出版技术商为平台的建设提供了软件与硬件条件，促使数字图书馆实现了资源管理、收藏阅读、资源分类、查询检索等一系列的基础性服务[16]，这也为数字图书馆向用户提供知识服务打下了基础。

随着AR/VR技术的广泛应用，AR/VR类电子书也层出不穷，这为拓展数字图书馆的数字资源范围提供了有力的保障，对于专业性较高的数字图书馆而言，这也是对馆藏资源种类的拓宽。

同时，AR/VR技术的发展，也为数字图书馆的知识服务提供了一条新的选择路径，即虚拟数字图书馆。在知识服务层面上，虚拟数字图书馆有着如下优势[17]：

首先，推动远程个性化服务。通过AR/VR技术，图书馆可以更好地将其馆藏的内容资源远程提供给用户。同时，对于专业性图书馆（如古籍图书馆、儿童图书馆等）而言，可以提供远程的虚拟课堂，为其提供更优质的内容。此外，在"5G+AR/VR"环境下，数字图书馆的用户可以根据自身需要收集各种数字资源，并完成组织整理工作，进而形成具有较强个性化特征的信息资源的集合。

其次，提供优质可视化服务。通过AR/VR技术的应用，数字图书馆为用户提供三维虚拟环境，增强用户的阅读体验感。不仅为用户提供内容资源的服务，同时还提供沉浸式的阅读体验服务，将传统的数字图书馆平台变成一个立体可视化的数字图书馆。建立虚拟漫游系统，将书籍可视化嵌入到数字图书馆中，为用户提供优质知识服务体验。

最后，改善信息检索的模式。"AR/VR+AI"的模式可以实现数字图书馆的自动化管理，为用户提供优质的服务体验。用户可以随时随地根据所需来获取知识内容。通过智能搜索与可视化信息处理，用户可以更加方便快捷地获取所需书籍。该模式既提高了数字图书馆的资源利用率，同时也拓宽了读者的选择空间与阅读空间。

2. 数字资源的版权保护

在数字出版平台与数字图书馆之间起到桥梁作用的是数字资源，对它的版权保护是二者可以顺利沟通的重要保障。对数字出版平台而言，在出版过程中，保证数字出版产品不被非法利用、非法传播尤为重要。而对数字图书馆而言，馆藏资源的发布与传播，也同样需要加强版权保护。

对于电子图书而言，DRM技术就是从技术上防止内容的非法复制。与数字版权管理密切相关的技术基础,包括密码技术、安全电子交易协议、身份鉴别技术、数字内容标识技术、权利描述技术、防篡改技术等。[18]

为数字图书馆服务的数字版权保护技术实现了对电子书等数字内容的版权保护,主要包括以下几个方面。

(1)数字内容安全。采用随机密钥对数字内容进行加密,由服务器端保存和管理,以防止用户对内容进行非法获取与传播。

(2)数字版权的合理使用。通过向客户端发放许可证,使数字内容可以得到合理使用。将许可证与硬件信息绑定,可以从使用范围上保证数字资源的合理使用。

(3)数字内容完整性。通过信息摘要和加密技术保证数字内容的完整性。通过验证信息摘要,确保加密的数字内容没有被篡改。

(4)数字内容安全传输。DRM系统可实现服务器与服务器之间、服务器与客户端之间交换的所有信息的安全传输,并能够有效防止交易信息受到攻击。

(5)数字内容可计数。通过多个参与版权管理的服务器之间的配合,可实现数字资源的计数。

(6)跨平台的数字版权保护技术。数字版权保护技术是数字出版和资源服务的关键技术之一。为数字图书馆服务的数字出版DRM系统通常包括三个模块:内容服务器、许可证服务和客户端。

(7)实现数字内容权利控制。DRM系统实现对被保护数字资源的权利控制,包括3种类型的权利:即展示权利(如显示、打印等)、传输权利(如借书)和使用权利(如摘录)。

4.6 小结

以数字技术为基础的数字出版平台和以数字化为导向的数字图书馆,

两者依托于数字资源,在技术匹配上融合趋势更加明显。本章以数字出版平台的支撑技术及数字图书馆的应用技术介绍为基础,突出数字出版平台与数字图书馆在资源采编与信息加工、信息存储与发布、知识服务与版权保护等方面的融合。

从数字出版平台的支撑技术来看,数字出版的文档文本、人工智能、AR/VR技术、区块链技术、5G技术在资源的采集与发布上起到了不可或缺的重要作用,在文本的转换、数字资源的获取与展示上得到充分的发挥。从数字图书馆的应用技术来看,数字图书馆通过云计算、语义网、信息检索技术与自动文摘技术完成了数字资源的信息加工及分布式存储。数字平台的支撑技术是数字图书馆应用技术的基础与骨干,数字图书馆的应用技术在一定程度上也推动着数字出版平台支撑技术的发展,二者相辅相成。

二者依托于数字资源,技术上相互融合与互构。数字出版的支撑技术为数字资源的采编与加工提供了重要保障,为数字图书馆生产优质数字资源提供了基础。同时,数字图书馆的应用技术对数字资源的存储与发布起到了重要的支撑作用,为数字资源的广泛传播提供了有利条件。数字出版平台与数字图书馆共同为资源数字化加工传播提供条件。二者的技术融合为数字出版平台与数字图书馆的数字资源提供了重要保障,也为提供更优质的知识服务及版权保护作出了重要贡献。

【参考文献】

[1]王睿,陈抒,曾斌.基于元数据的文献检索系统研究[J].图书情报导刊,2017,2(7):27-31.

[2]王侠,李报春.XML语言的特点及与Java技术的结合[J].辽宁税务高等专科学校学报,2003(6):32-33.

[3]王雅坤,成全.信息检索相关性研究综述及发展趋势[J].图书与情报,2012(1):88-94.

[4]柳群英.网络信息检索技术现状及发展趋势[J].情报探索,2005(4):66-68.

[5]夏嘉宝.基于人工智能的智慧档案馆建设研究[J].兰台内外,2020(18):5-7,4.

[6]彭辉,周莹青,李瑜琪.人工智能在数字出版行业的应用研究[J].牡丹江师范学院学报(社会科学版),2020(2):1-10.

[7]柯士雨.智能时代新闻传播的变革与发展[J].传播力研究,2019,3(12):7-9.

[8]曹傧,林亮,李云,等.区块链研究综述[J].重庆邮电大学学报(自然科学版),2020,32(1):1-14.

[9]王群,李馥娟,王振力,等.区块链原理及关键技术[J].计算机科学与探索,2020,14(10):1621-1643.

[10]张新新.新闻出版业5G技术应用原理与场景展望[J].中国出版,2019(18):10-13.

[11]贾宁芳.数字出版与数字图书馆的博弈分析[D]哈尔滨:黑龙江大学,2014:57.

[12]方巍,文学志,潘吴斌,等.云计算:概念、技术及应用研究综述[J].南京信息工程大学学报(自然科学版),2012,4(4):351-361.

[13]罗军舟,金嘉晖,宋爱波,等.云计算:体系架构与关键技术[J].通信学报,2011,32(7):3-21.

[14]李伟,王焕景,隋欣欣.大数据视角下高校图书馆知识服务数据长期保存研究[J].内蒙古科技与经济,2019(1):90-92.

[15]夏翠娟,张燕.图书馆移动阅读服务的新契机:HTML5和CSS3[J].现代图书情报技术,2012(5):16-25.

[16]杨静.云出版业态下地方高校图书馆服务模式研究[J].情报科学,2016,34(12):82-87.

[17]宋明慧,曹亚新.基于虚拟现实技术的数字图书馆发展趋势研究[J].科技信息,2010(23):230-231.

[18]张长安,柏丽娜.DRM技术及其在数字图书馆中的应用[J].现代图书情报技术,2003(3):83-85.

第5章
数字出版平台与数字图书馆的服务融合可行性分析

第5章 数字出版平台与数字图书馆的服务融合可行性分析

我国出版行业已经实现了从转型升级到融合发展的新跨越,我国数字出版业同样蓬勃发展。在数字阅读日益普及的今天,数字出版平台和数字图书馆都成为读者获取知识、接受知识服务的重要场所。从这一点来看,数字出版平台与数字图书馆正逐渐打破边界,紧密相连,两者的融合作为热点研究课题越来越受到业界重视。在提供社会服务方面,数字图书馆主要是公益性地为用户服务;而数字出版平台则向用户收取一定费用以提供增值服务,以经济效益为目的开展服务[1]。本章将根据数字出版平台与数字图书馆在社会服务模式中的共同要素与各自特殊关键环节进行比较分析,基于二者基础设施、服务方式、用户需求特性三方面的总体构架进行比较(图5-1),探讨二者融合的机理机制与必然性,得出有针对性的借鉴启示,以期对我国数字出版平台与数字图书馆融合发展起到更好的推动作用,促进数字出版平台与数字图书馆的可持续良性发展。

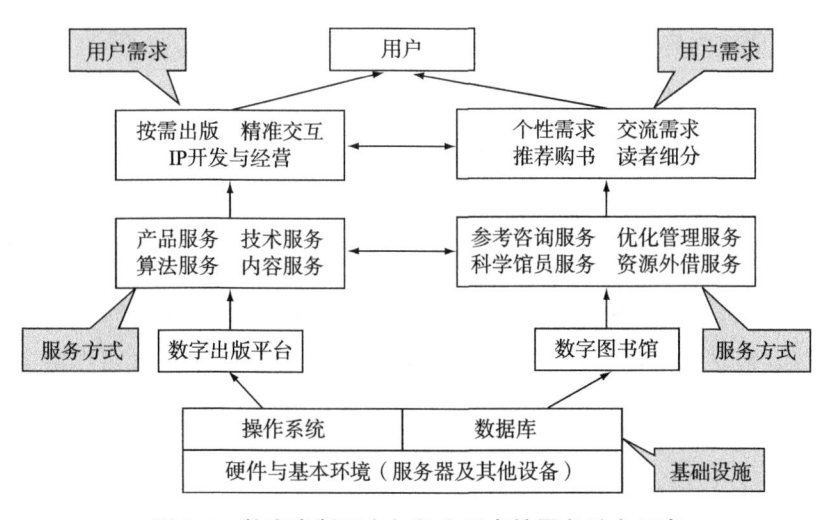

图5-1 数字出版平台与数字图书馆服务融合示意

5.1　基础设施分析

基础设施是指基于现代数字化的技术基础设施,包括服务器设备、存储设备、网络设备、安全设备以及相应的操作系统、应用系统等软件、硬件设施。就目前业界的发展现状看,数字出版平台与数字图书馆二者在基础设施方面的差别并不大,就硬件与软件方面来说,二者的基础设施不分伯仲,各有千秋[2,3]。涉及基础设施方面的内容在前面技术与案例章节已经具体论述,这里不再详细介绍。

5.1.1　数字出版平台的基础设施

一般而言,数字出版平台的生产性基础设施较为完善。数字出版平台建设多属于企业行为,其重视自身的资源建设,并且易受到市场变化的影响,因此服务器大多是租借和外包而来。在客户端的选择和处理方面,为尽快获利,数字出版平台一般利用大众熟悉易获取的硬件设施(如手机、平板电脑等)呈现内容。目前,我国的数字出版平台虽发展迅速,但在数字资源处理、业务流程数字化等方面。多是向数字图书馆借鉴而来,可见,数字出版的业务理论标准还不完整,有待完善[4]。

建立或购买数据库是数字出版平台的常见工作。与国外的情况有所不同,我国基于数字出版平台的数据库往往不及情报所和图书馆建立得完整全面。当然,数字出版平台直接从前端进行 XML 或者碎片化的数字化处理方式也是数字图书馆所不能及的。由于数字出版平台将满足用户需求的同时追求盈利最大化作为其最终目标,所以会格外重视软件中支付手段的设置与优化。

5.1.2 数字图书馆的基础设施

相对于数字出版平台,数字图书馆基础设施的服务性更具优势。目前,我国的数字图书馆大部分隶属国家单位,为保证自身庞大资源的安全性和长远发展,数字图书馆通常会建立自己的服务器。数字图书馆的公益性决定了其无须刻意地追寻利益增长点,它强调和传播的理念是将广泛的知识向用户呈现[5]。待其数字产品基本成熟后,就会对客户端、设备设施等方面的服务性能进行优化。在我国,数字图书馆拥有成熟的OCR、词表、切分、分类法等技术,对图书的外在形式及目录提要的处理能力极强,远超数字出版平台。

数字图书馆购买的数据库一般以综合性、学术性的内容居多,其自建数据库多源于自己的优势馆藏,其服务侧重于受众数量,而不会考虑经济效益以及专业精准领域知识。

5.2 服务方式分析

网络信息技术的发展,为数字出版平台和数字图书馆服务用户与读者创造了更便利的条件。当代信息传播的方式和方法皆发生了变化,二者现有的服务方式不仅要顺应新时代环境要求,还可以与新媒体相结合,进一步发挥其优势[6]:在丰富自身数字资源建设的同时,进一步扩展服务范围,优化服务方式,强化其自身作用,为广大用户提供相关知识,共享文化文明;致力于形成数字出版平台与数字图书馆的服务新模式,借以打造形成国际化特色服务的新格局。当然,由于前文提及的数字出版平台与数字图书馆盈利目标不同,所以二者提供服务方式的侧重点略有区别。

5.2.1 数字出版平台的服务方式与特征

数字出版平台大多提供的是精准型服务。数字出版平台的资源往往是企业本身自有的,它们可以将自身产品最大限度地向专业精准方向开发[7],对比之下,知识性、专业性强的数字出版平台在同类产品中更胜一筹。我国诸多专业出版社(如人民卫生出版社、知识产权出版社、电子工业出版社等)都陆续推出了切合自身出版专业的数字出版平台产品,产品为特定的专业人群提供服务。此外,提供精准型服务的数字出版平台为了扩大服务目标用户,学习借鉴了数字图书馆的一些服务方式,在多元化、智能化、个性化与精品化的道路上为用户提供更上乘的服务。

1. 产品服务多元化

数字出版平台服务方式的多元化主要是指其数字产品内容、资源类型、组织形式、展示平台、获取方式、盈利模式及主要用户类型等方面的多元化。每个类型的数字出版产品各具特点优势,合在一起全覆盖式地面向各个领域的用户。

数字出版平台所提供的产品按类型可大致划分为五种:以数字期刊文献为代表的数据库产品(如中国知网),以电子书为代表的终端设备产品(如汉王电子书),以网络文章为代表的知识分享类产品(如微信、微博),以互动回答为代表的知识众编产品(如知乎),以音视频为代表的数字订阅产品(如喜马拉雅FM)。尽管以上五种类型产品的主要来源各有不同,从传统的OGC到UGC再到PGC的模式,但它们不断完善和充实了数字出版平台的服务方式。基于类型的不同,数字出版平台会相应地为它们提供不同的展示平台和获取方式。例如,数据库类的产品可以通过下载到终端进行使用,电子书则需要配备相应的电子阅读器阅读,音视频文件需要下载与其对应的App进而达到最佳体验效果等[8]。

此外,数字出版平台以盈利为目标,对其产品的盈利方式也多有设计。

由于不同用户的付费习惯和意愿不同,数字出版平台会根据产品类型的不同设置相应的付费情境。科研用户、电子书爱好者可能会通过购买文献、电子书等阅读终端的方式付费;通过社交平台分享知识的用户就有可能为广告、打赏等环节付费;热衷于音视频的用户会因为音视频版权的订阅服务而付费。

2. 技术服务智能化

智能化主要是指数字出版与智能技术的结合,除常见的电子书阅读终端、手机阅读外,数字出版平台不断开发新型的智能产品,为数字服务带来更多的可能。利用AI技术开发设计的伴读机器人丰富了儿童的学习生活,将阅读与出版紧密结合。通过AI视觉技术,轻易实现课本中字、词、句的识别,从而实现交互功能。这样数字出版平台提供的智能服务有效地发挥教育价值并实现了课本的教育目的[9]。

此外,数字出版平台也可以与AR、VR技术结合,赋予阅读以全新的情景与空间,为用户提供体验式、沉浸式、跨时空式的阅读。目前,我国在这方面的尝试更多地在教育领域,诸多出版社开发研制了VR数字出版产品,并取得了不错的效益。以人民卫生出版社为例,其开发的数字产品"人卫3D系统解剖学"可以通过手机扫描图片这一个简单的操作,将人体结构立体可视化地展现在用户面前。

通过与智能技术的结合,数字出版产品可以最大限度地挖掘纸质图书资源的价值,吸引目标用户,产生更好的效益。同时,数字出版的智能化服务还体现在对数字产品使用过程中出现的问题及时进行修改完善。通过智能技术,数字出版平台可以收集到一些使用过程中的交互数据,从而使数字出版平台的产品更符合用户的使用习惯,有利于更好地服务用户。

3. 算法服务个性化

传统出版的服务模式之所以会落后于新兴数字出版的服务模式,主要是无法做到以信息数据作为单元依据去服务读者。大数据、云计算等技术与数字出版的巧妙结合,实现了以"算法"为核心的个性化服务模式。数字出版平台的服务方式由原来决策者的经验判断向数据的精准分析靠拢,依靠"算法",追溯到目标用户最根本的需求,从而以此为依据进行相关的选题策划分析处理、营销推广的实时推送,甚至是数字产品内容的呈现方式等。数字出版产品的服务体现了个性化的服务方式,基于"算法"优势,准确把握用户的需求动向,充分感受用户思维习惯。推送精准个性化的信息资源内容成为数字出版服务模式的一个强大优势[10]。

另外,数字出版平台向数字图书馆的参考咨询服务学习,同样为其用户提供FAQ虚拟咨询服务,搭建用户互动平台,充分利用微博、微信等社交应用,创建与其数字产品相关话题,吸引用户参与,进行线上互动;也可根据读者的意见反馈适当对产品作出调整。数字出版平台凭借其成套的服务体系,在提供各种"O2O特色新兴服务"的同时[11],设置一系列非完全免费的定价策略限制用户对资源的使用,从而获取一定的经济效益。

4. 内容服务精品化

精品化重在强调数字出版产品开始重视其数字产品内容的质量,认识到了"内容为王"的重要性。全媒体时代的背景下,依托互联网,信息资源的生产与传播变得更加便捷,人人都可以成为媒体传播的参与者。数字出版平台作为数字产品的主要生产者,在良莠不齐的信息资源中选择真实有效的信息,成为其必须承担的责任。随着现代用户的需求和素质的不断提升,数字出版企业也相应作出改变,并树立精品内容的服务理念。越来越多的数字出版企业开始着力打造出以精品内容为本,以新兴科技为引领的数字产品。产品的内容不再一味地突出娱乐性,而是在增添趣味性的同时更多地融入文化、思想、艺术,摒弃只追求流量、点击率的不端行为,致力于打造有温度、有内涵、有深度的数字产品良性生态。

5.2.2 数字图书馆的服务方式与特征

数字图书馆提供的是广泛型服务,它可以收入各方资源,拥有强大的资源共享系统,其数字资源在广度上远超数字出版平台。数字图书馆利用"互联网+平台"实现并完成"跨库合作"[12]。数字时代到来,数据资源迅速增长,数字图书馆在对这些数据开发选择的过程中,必须重视对数据内容的取舍,只有标准规范地处理好数据资源,才能在后续的开发建设中有效利用这些资源,维护资源特色,提高数字图书馆资源的整体质量。

图书馆是传播文化的主要机构之一,为给社会、用户提供更优质化的服务,数字图书馆不断丰富自身的文献资源,扩展资源利用的有效范围,并不断提升数字图书馆的资源服务质量。与此同时,为了知识能够更好地传播,即便是专业图书馆,面向的目标受众也是最广泛的大众读者群体,数字图书馆中收录的应该是符合大众需求的资源。为加强资源服务,数字图书馆的数据库资源着重各方资源的结构平衡,既专业又多样,必要时还要根据整体的资源格式或资源信息内容调整优化其自身数字格式转化、数字图书馆建设等方面技术。

此外,我国数字图书馆的服务方式不断优化创新,在借鉴西方数字图书馆的服务模式的同时,结合我国实际情况,逐步尝试并形成了我国数字图书馆的特色服务方式,以下列举部分数字图书馆特色服务方式。

1. 参考咨询服务突出特色

参考咨询作为传统图书馆的一项特色服务,能够解答读者在使用图书馆过程中产生的各种问题,是图书馆社会服务中不可或缺的重要组成部分。随着数字图书馆的出现与网络信息技术的提升,图书馆利用互联网平台拓展服务范围,参考咨询服务有了进一步优化升级,更加便捷的新型信息服务方式——虚拟参考咨询服务成为国际潮流。在我国,高校图书馆是这种虚拟参考咨询服务的首要应用者。有调查显示,目前我国国内双一流高校图书馆均已具备虚拟参考咨询服务,参考咨询正逐渐成为我国高校图书馆的常态服务方式之一,未来成长空间显著[13]。

虚拟参考咨询是参考咨询基于网络环境下的延伸发展,数字图书馆为用户提供的咨询服务不再受时间和空间限制,FAQ常见问题咨询栏目功能的设置使咨询服务更加方便快捷。

2. 优化管理服务提高效率

数字图书馆及时地结合并运用大数据技术,加强自身建设,完善服务职能。大数据技术的参与改变了图书馆诸多原有传统的管理方式、方法,节省并缩短了大量的管理环节。

以大数据作为技术依托的数字图书馆优化了图书的分类方式,摒弃了传统图书馆的图书管理模式。数字图书馆的藏书体量并非传统图书馆可以比拟,馆中的文献资源以非纸质形式存储,大数据技术的应用使数字图书馆的工作效率大大提高,可以迅速地在短时间内同时对海量信息资源进行读取储存等工作。数字图书馆储存的大多是电子文献数据,这使得大数据时代下的信息资源存储变得更加多样化,不仅数据的存储效率大大提升,而且查阅借阅的方式也有了新的途径。为方便用户获取资源,数字图书馆可以分别按照所藏信息资源的价值、类型等方式进行保存,读者可通过多种形式对所要查阅的数据信息资料进行检索。

此外,数字图书馆能够准确捕捉、预测、分析海量数据,包括用户数据,有利于最大化地发挥其自身资源,使得数字图书馆能够逐步完善优化自身服务方式,其鲜明又具个性特色的服务模式势必会成为吸引目标用户群体的强大优势。大数据背景下的数字图书馆正顺应时代的改变而发生变化,力图使用户在享受这种便捷的新兴服务方式的过程中获得更佳的文献资源阅读体验,着力打造一个全面个性的数字图书馆知识服务系统,使数字图书馆的整体服务质量和效率不断提升。

3. 学科馆员服务引导偏好

所谓学科馆员,是指图书馆中专门从事学科服务的工作人员。其核心职能是综合运用专业知识和研究领域,确保图书馆能够满足当前和正在出现的用户需求,推动教学、科研和学习发展。近年来,我国一些数字图书馆意识到知识服务的层面,认识到学科馆员服务的不足,它们借鉴西方国家图书馆的成功经验,打破学科馆员服务的单一、局限性,调动图书馆馆员的主观能动性,最大限度发挥员工的力量,推进施行新型图书馆学科馆员服务[14]。

合理的图书馆学科馆员服务应当强调服务意识,注重用户体验,着眼于细节,根据自身图书馆发展情况采取相应的科学服务与举措。数字时代下应运而生的数字图书馆更要重视其学科馆员服务的转型,相比传统图书馆,除掌握基本的计算机技术以外,数字图书馆的学科馆员要不仅能够解决(如馆际互调互借、修改知识库的请求,编译个别数据等)相关问题,而且更要有收集并化解用户相关问题和需求的能力。数字图书馆的新型图书馆学科馆员服务,将馆员从原有的仅为用户提供导航引导的固化角色中脱离出来,成为能够帮助用户在数字图书馆信息资源生态系统中至关重要的引导者、影响者甚至是创造者。

4. 资源外借服务体现精准

我国的电子书外借服务始于2009年。发展至今,在北京、上海、广州等大城市已初具规模。国家图书馆推出电子书借阅一站式服务,用户不仅可以免费外借电子阅读器,而且对于资源的使用也不受次数的限制。数字时代下的数字图书馆早已不是文献型的、被动型的图书馆,而是更为开放和主动。这里提及的智能化服务,是数字图书馆为用户提供优质服务的创新的服务方式。随着社会的发展,人们的需求不断地朝着精准化发展,传统图书馆所提供的一般性服务已经不能完全满足大量的用户群体的需求,长此以往,易造成大量用户的流失。开展这种智能服务的前提是对用户(包括潜在用户)的个性化信息的捕捉,涉及的用户信息包括:用户的个人兴趣、个性特征、消费行为、需求偏好等。通过各种方式与用户开展沟通、交流,甚至合作,最大限度地满足用户的需求。

以我国的高校图书馆为例,部分高校尝试延伸和扩展图书服务的广度和宽度,通过搭建网络智能服务平台实现与社会个体的资源对接。利用智能服务平台,网络信息技术与高校图书馆系统融合,校外的读者用户可以在相关终端设备上检索到所需数字信息资源,也可通过在线办理相关手续借阅相关书籍。整个过程中,高校图书馆馆员无须提供额外服务,许多工作流程和环节都可以被智能化的服务工具代替。

5.3 用户需求特性分析

社会生活节奏的加快,使人们的阅读习惯逐渐从纸质阅读向电子阅读转移,传统出版与传统图书馆无论从管理服务还是内容信息提供模式方面都无法很好地满足数字阅读时代下的用户需求。对此,数字出版平台与数字图书馆双方在追求满足用户需求、提升用户黏度、重视用户体验上的目标是一致的。数字出版平台与数字图书馆依托互联网、数据库、人工智能等各个新兴领域的先进技术,不断提高服务水准,优化服务模式,不断改进用户体验,增强用户的满意度。

不过,尽管数字出版平台与数字图书馆在提升用户体验上不断改进,但由于二者缺乏有效沟通,不能互通互联。二者各自设置特定的标准,需要使用不同阅读软件或阅读终端,用户阅读成本相对提高,对阅读体验造成一定影响。

5.3.1 数字出版平台的用户需求特性

如今,数字出版平台强调的是让用户体验到智慧型的知识服务,也就是

第5章　数字出版平台与数字图书馆的服务融合可行性分析

致力于数字化、智能化传播新兴知识的一种服务思维。市场上同类产品的竞争力不断增大,加快了数字出版平台求新求变的脚步,追求内容精品的同时,数字出版平台尤其注重其服务的人性化与个性化,强调用户的个人体验。亚马逊、掌阅、汉王等数字出版企业不断完善升级旗下终端电子阅读产品,电子墨水屏堪比激光打印,可与纸质书相媲美,优化了读者用户的阅读体验。同时,数字出版平台良好的售后服务、稳定的支付软件系统也有利于优化用户体验[15]。

1. 按需出版

按需出版作为一种与以往所不同的出版模式,为数字出版开辟出一条新的发展路径。这种出版模式顾名思义,就是按照用户的需求印刷出版,完全突破了传统出版印张、印数的限制,为用户个性定制,实现"一本起印"。按需出版为用户提供全方位的个性化服务。精准的优质服务可以极大地增加用户满意度和获得感,提高用户体验。

这里所指向的用户不仅是某一用户群体,还包括某些图书发行机构,甚至是实体书店、传统出版社的用户等,数字出版平台都可以与它们展开深度合作,进而互相发展,互相盈利,增加目标用户的体验效果。用户可以根据自己的需求,在短时间内制成自己心仪的产品;出版社、实体书店也可以根据按需出版没有十足把握的书,经读者反馈后再决定是否批量印刷,可以避免损失,既可以满足用户需求,又在一定程度上满足出版社自身的营利需求;图书机构同样可以利用按需出版,让曾经的绝版、断版出版物再次流入市场,赋予其新的生命力。

2. 精准交互

利用"大数据"获取用户数据资料(包括隐性资料),精准分析推送,为用户提供尽可能多的目标选择的同时,增强其付费意愿。为了让数字产品产生最大的效益,数字出版平台通常会选择与知识付费平台合作,共享内容、技术、服务等相关资源。

从用户体验的角度来看,二者的合作有利于迎合广大用户的个性需求,增加数字产品对用户的吸引力,进而增加用户的付费意愿。

作为用户,可以欣赏到数字出版平台为自己量身定制的"需求画像",基于大数据技术,用户的日常消费行为、消费偏好、个人消费水平等数据信息被数字出版平台分析评估,以用来为用户提供不同方案类型的服务供应场景,并根据需要加以其他介质的包装,精准推送到最有可能需要的用户身上,以实现智能联动交互。另外,数字出版平台围绕其数字产品不定期举行的各项活动,更易贴近用户,有助于线上线下社群的连接互动,最大限度地增加用户的认同感,增加知识服务的影响力,从而使用户可以自觉自愿地以口碑传播的方式推荐其数字出版产品。

3. IP 的开发与经营

新媒体对社会各方面都或多或少有影响,在其影响下应运而生的粉丝经济已经成为数字经济领域新的增长点。对名人、偶像崇拜的粉丝力量是不可估量的,数字出版平台契合了粉丝对偶像的热切情感,开发并经营了大量的 IP 产品。IP 数字产品作为一种新的出版产业模式,不仅针对性强,而且也具有可操作性。数字出版平台展开的 IP 开发主要在游戏、网络文学等领域。由于数字出版平台开发 IP 的整体过程都是以市场需求、市场反馈为主,所以容易得到用户肯定,增加用户的付费意愿和体验感,当然,对这类数字产品的研发务必重视其质量,不然易适得其反,给用户带来不良的体验。

数字出版平台对于 IP 的开发和经营,不仅有利于满足用户需求,增进用户体验,更有利于丰富数字出版自身的内容资源,找到新的增长点和盈利方式,进而推动整个数字出版产业链的发展。

5.3.2 数字图书馆的用户需求特性

数字图书馆作为公共服务机构,应当在保证丰富数字资源内容的同时,提供优质服务,以增加用户的获得感、满意度。数字图书馆的工作流程较传统图书馆简化许多,其目的就在于将馆内的工作重心更多地放在提升服务水平、提高用户体验上。

当前我国数字图书馆的创新发展趋势越来越明显,与传统图书馆有所不同,数字图书馆的用户群体甚至不需要进入图书馆内就可以享受到信息检索、参考咨询、图书借阅等服务,既不受空间的影响,也不会受到时间的制约。用户基于自身实际需求,通过终端设备"移动"查阅数字信息资源。数字图书馆还可以借助其丰富的馆藏优势,利用数字资源补充已有馆藏,将自身所具备的特色文献资源加以整理,运用数字化技术加工,使用户充分感受到数字信息资源与纸质文献资源协调共享的便捷。数字图书馆不断拓宽其服务路径,强化服务意识,致力于将"用户至上"的理念贯穿于其数字信息资源服务的工作始终。这不仅有利于数字图书馆自身的整体建设发展,又在某种程度上有利于提升用户体验。

1. 实现用户个性需求

除提供图书馆必备的检索、借阅服务以外,数字图书馆也会利用大数据技术对后台数据进行统计,将用户需求度高的内容放到首页推送,以更快地实现共享互用。同时,利用数字图书馆自身网站、软件、公众号等对热门信息(如上新推荐、热门图书、数据库等内容)进行用户推送,有效地拉近了数字图书馆与用户的距离。这种基于用户数据分析用户偏好的方法常见于电商平台,利用技术算法推测用户可能的喜好,进而更精准地为用户推送。在数字图书馆中,根据读者查阅检索等相关数据信息,为读者推荐与其阅读喜好相关联的书籍、数字信息资源等,对于用户来讲,这样的精准推送不仅省时省力,而且这种既现代又人性化的服务模式,会提升用户对于数字图书馆的体验。

在数字图书馆中,用户甚至还可以享受到"一对一"的VIP咨询服务。通过数字图书馆中的某一相关栏目,直接与馆员沟通,可及时解决自己的个性需求和疑惑,数字图书馆也会集中发布近阶段用户频繁咨询的热点问题。同时对某一专业领域内容有个性化需求的用户,也可以通过数字图书馆获取相应的个性化服务。这种变被动为主动的点对点个性服务,既提高了服务层次,又提升了服务效率。

2. 用户参与社交互动

传统的图书馆也会依托参考咨询、图书馆举办的相关活动等方式与用户进行互动,但这些互动集中于线下进行,且互动性不高,有局限性。数字图书馆则不同,以高校图书馆为例,通过图书馆服务平台,学校师生可以与图书馆馆员、相关社会个体等人员进行积极的互动,这种多向互动不仅对于用户是全新的体验,而且为数字图书馆本身的数据追溯提供了便利,保障了数字图书馆发挥知识服务的重要手段。读者用户在社交互动中既可以分享资源,也可以接受分享,实现了隐性资源的显性化、个人知识的群体化。

另外,数字图书馆的服务具有一定的时效性,特别是在互联网时代下,数字图书馆为用户提供的时效性服务尤其重要。将预判的实时数据及时传输到读者的交互过程中,可以极大提升用户的阅读体验。

3. "用户至上"的采买模式

对于数字图书馆而言,馆藏信息资源十分重要。实际上,有些用户在使用数字图书馆的过程中,可能会发现馆内数据库并没有自己所需要的资源信息,严重影响读者的阅读兴趣和阅读体验。图书馆对图书的采购渠道多种多样,通过学科馆员采访模式,深入了解用户的阅读需求喜好,听取多方意见建议,对口采用读者青睐的信息资源。读者推荐购书是采访模式的一种,这种模式的运用原理在前文中有所提及,用户向数字图书馆提交需求,然后数字图书馆核实并决定是否采购。这种采购模式打破了原本单一的采买模式,完美诠释了"用户至上"的服务理念,有利于满足用户阅读需求,还可以在一定程度上解决资源同质化、资源经费有限等问题,提高了服务质量和采买效率,为数字图书馆未来的发展助力。

4. 用户的细分化

数字图书馆为了能够为更广泛的用户群体服务,可以为用户提供差异化服务,即根据不同背景的读者群体设计不同形式的服务,尽量满足不同用户对于知识文化的要求,提升服务的精准度,使用户满意度上升。例如,针对少年儿童读者,提供少儿数字电影放映;针对特殊读者,提供文献资源转语音、双语标识服务,等等。这种服务方式在提高社会用户文化素养的同时,也培养和挖掘了新的用户群体。

5.4　提升用户体验满意度与服务质量需要两者融合

数字出版平台与数字图书馆在社会服务方面具备很多共通性,为了更好地提升用户体验满意度,实现消费者更精准、有效地获取数字资源,需要二者在服务上加大融合。同时二者作为文献信息资源产业链条的上下游,有着密不可分的关系。融合后的数字出版平台与数字图书馆具备集成化、个性化等特点,在实际运行中可以极大地提升用户管理方面的能力,既能充分发挥数字出版平台与数字图书馆的信息资源,又能最大限度地满足用户的潜在或现实需求[16]。二者的深度融合,将为消费者带来更好的体验感,提升服务质量,表现在以下几个方面。

1. 解决双方目前利益冲突,提升服务质量,实现共赢发展

解决数字出版平台与数字图书馆现存的利益冲突,成为解决二者内在矛盾、推动两者融合发展的必要途径之一。二者在某些领域(如定价、市场和服务等)存在利益冲突。虽然数字出版平台与数字图书馆获取效益的目标不一致,但是二者所需要的数字资源在某些程度上是重叠的,这会让数字图书馆在数字出版平台自主设置的数字产品的高额定价面前望而却步,承受经济压力。就二者当前的市场竞争情况而言,数字图书馆的竞争能力远

不及数字出版平台,数字出版平台对用户和内容资源的垄断能力很强,尽管数字图书馆为吸引更多用户,不断完善强化其数字资源,提供个性化服务,但总不能尽善尽美。再有,数字出版平台所提倡的知识付费与数字图书馆资源免费共享理念全然不同,著作人的产权保护是双方矛盾冲突的一个关键点,数字图书馆免费获取数字内容资源,在开放的网络环境中,就当下网络传播著作的情况看,产权主体的效益很难得到长久有效的保证。这种情况若长久持续,不仅数字图书馆获取资源困难,而且产权主体本身也会因侵权等问题受到影响,数字出版平台的权益也会遭受损失。因此,有理由也有必要积极寻求二者在社会服务模式下的融合互构路径,实现双方共赢发展,共同致力于满足用户体验满意度与市场服务质量。

2. 加快数据的便捷访问

不同于传统出版与传统图书馆查询信息的繁杂工序,数字出版平台与数字图书馆可以通过简单的计算机操作实现信息的即时检索,最大限度地缩短了用户检索数据信息的时间,打破了传统人工服务,实现了人机服务,极大地提高了用户在访问数据信息时的便利性和便捷性。

3. 实现信息资源共享共用

信息化社会无疑对数字出版平台与数字图书馆提出了更高的要求,用户更看重信息的时效性与即时性。数字图书馆与数字出版平台最大的特点就是可以打破时间空间的限制,在保证各方面信息资源,包括用户资源安全的前提下,通过合理配置服务器终端,不断进行用户、服务、平台等方面的优化管理与完善,以满足用户的信息资源共享共用的需求。

另外,还可以根据实际需要建立以微信、微博等互联网平台与用户实时进行线上沟通,将其从单一的互动交流平台向资源共享平台发展,致力于在统一格式标准的前提下丰富和完善数字出版平台与数字图书馆的信息服务资源,提供更多质量上乘,贴合用户需求的信息资源。

4. 实现即时交流与服务创新

社会服务模式下的数字出版平台与数字图书馆的融合建设，要围绕"用户需求"发展目标，切实贯彻落实"以用户为中心"的服务理念。根据二者已有的服务经验，进而继续深入挖掘用户的需求与兴趣，探索、创新出更多符合用户需求的服务。例如，利用服务平台获取的用户检索、购买、浏览等方面的记录，定位用户的现实或潜在需求，为用户打造个性化的定制产品与服务；采用多种方式与用户即时交流，为其提供参考咨询等服务。只有充分地发挥出数字出版平台与数字图书馆的即时性创新，图书交流的实时性，随时随地为用户答疑解惑，才能吸引到更多的用户。

5.5 小结

以经济效益为目的的数字出版平台和以社会效益为目的的数字图书馆，二者在所提供的"社会服务"方面也有很大差异。但受到移动互联网和媒介融合技术发展的影响，数字出版平台和数字图书馆在服务上有了融合的可能性。本章基于数字出版平台和数字图书馆在社会服务模式中的共同要素和各自特殊关键环节点的分析，对比它们在基础设施、服务方式和用户需求三个方面的特点，得出二者必然需要融合的结果，为我国数字出版平台与数字图书馆未来融合发展提供借鉴。

从基础设施来看，数字出版平台更重视自身的资源建设，在强大的资金支持下基础设施更加先进，但数字出版平台面临数字资源"匮乏"、业务流程不成熟等问题，这一方面可多向数字图书馆借鉴。数字图书馆的基础设施在服务性上更具有优势，强调知识的广泛传播。同时数字图书馆在外在形式与内在内容处理能力上远超出版平台。

从服务方式来看，数字出版平台以提供精准定制服务为主，很多产品都是对特定的专业人群提供专属服务，相比之下数字出版平台在服务方式上具有多元化、智能化、个性化和精品化的特点。数字图书馆提供的多元化服务,在数字资源的广度上远超数字出版平台,其主要的服务方式有参考咨询服务、优化管理服务、新型图书馆学科馆员服务、电子书外借服务、精准智能服务等。

从用户需求来看,数字出版平台多强调让用户体验到智慧型的知识服务,致力于数字化、智能化传播新型知识的服务思维,重视用户的个人体验,由此数字出版平台形成了按需出版、精准交互、IP开发与经营三种基于用户需求的出版模式。数字图书馆基于公益性的社会定位,将"用户至上"的原则贯穿于数字信息资源服务的工作始终,从实现用户个性需求、用户参与社交互动、用户至上的采买模式、读者用户的细分化等四个方面满足用户需求。

总体来看,数字出版平台与数字图书馆在社会服务方面具有很多共通性,未来二者应该实现更深度的融合,提升服务质量,才能为消费者带来更好的知识服务体验。

【参考文献】

[1] 董伟.数字出版平台与图书馆跨界合作的利益冲突、链式逻辑与协同路径[J].出版广角,2018(19):42-44.

[2] 何晓刚.数字图书馆与数字出版机构的合作机制研究[J].出版广角,2016(8):36-37.

[3] 贾丽君.图书馆参与学术数字出版的角色与模式研究[J].图书馆理论与实践,2017(4):10-14.

[4] 于正凯.再论数字出版的概念及融合发展的关键[J].传媒,2017(3):70-72.

[5] 官辉.大众传媒环境下现代图书馆发展策略研究[J].传媒,2014(14):73-74.

[6] 朱鹏威."互联网+"视域高校图书馆与数字出版的合作共享服务[J].白城师

范学院学报,2018(5):91-93.

[7] 林天文.新媒体环境下数字出版的转变[J].传媒,2015(8):74-75.

[8] 张兴.从国际数字出版发展分析我国出版企业数字化战略[J].科学咨询,2018(10):47-48.

[9] 郭亚军,刚榕隈,黄圣洁.大数据环境下数字出版知识服务主要模式研究[J].现代情报,2018(11):3-8.

[10] 陈定权,黄文霞.国外学术图书馆出版服务研究进展[J].四川图书馆学报,2019(1):93-96.

[11] 汤宪振,刘源泓.基于学术交流图书馆出版服务模式的研究[J].出版广角,2015(10):26-27.

[12] 王海平,陈朋伟,刘邦凡.面向数字出版国际化的国外经验借鉴[J].电子商务,2018(7):55-56.

[13] 陈姣.浅析"互联网+"环境下高校图书馆与数字出版的合作服务[J].传播与版权,2018(8):155-156.

[14] 李雪萍,吴青林.数字出版的趋势及其对图书馆馆藏建设的影响[J].科技风,2018(28):61-62.

[15] 夏婉琳.以亚马逊为例浅析数字出版平台读者服务模式[J].传播力研究,2018(15):162.

[16] 刘兹恒,涂志芳.学术图书馆参与数字出版的动因与条件分析[J].图书情报工作,2016(3):32-36.

第6章
数字图书馆融合案例研究
——以中国国家数字图书馆为例

第6章 数字图书馆融合案例研究——以中国国家数字图书馆为例

在数字技术迅猛发展的当下,数字出版平台与数字图书馆的工作对象、工作方式、工作方法与行业环境日益接近,数字出版平台与数字图书馆在技术创新与知识服务上渐趋融合,这也进一步推动了数字化转型的进程。各类运营商与技术支持商也适时地加入其中,为数字出版平台与数字图书馆的融合提出了创新性方案。本章通过对数字图书馆典型案例的研究,探寻其动态融合点。这些融合点包括资源融合、技术融合及服务融合,通过对这三方面的分析,进一步探讨其融合机制,即以协同理论、信息集群理论、资源优化配置理论及用户感知理论为理论支撑,以中国国家数字图书馆案例为切入点,分析和总结相应的融合机制,以期提供可借鉴和参考的方法和经验。

数字图书馆相较于数字出版平台发展较早,我国数字图书馆的建设探索与实践起步于1995年,图书馆与科研机构共同开展的研究项目推动了我国数字图书馆的发展。1998年,在文化部的支持和协调下,数字图书馆重点项目——"中国数字图书馆示范工程"设立,自此,数字图书馆进入了一个高速发展阶段。中国国家数字图书馆在资源建设、知识服务等方面表现突出。

中国国家图书馆简介:中国国家图书馆是国家总书库、国家书目中心、国家古籍保护中心及国家典籍博物馆,履行国内外图书文献收藏和保护的职责,指导协调全国文献保护工作;为中央和国家领导机关、社会各界及公众提供文献信息和参考咨询服务;开展图书馆学理论与图书馆事业发展研究,指导全国图书馆业务工作;对外履行有关文化交流职能,参加国际图联及相关国际组织,开展与国内外图书馆的交流与合作。

随着信息载体的发展变化,国家图书馆馆藏规模不断扩大,类型日益丰富。不仅收藏了丰富的缩微制品、音像制品,还建成了中国最大的数字文献资源库和服务基地——中国国家数字图书馆。截至2023年12月,数字资源总量为2756.77TB。

6.1 中国国家数字图书馆的资源融合分析

数字化时代大数据、云存储技术的广泛应用,为中国国家图书馆数字化建设提供了优越的技术支持。目前,国家数字图书馆已实现了平台化的建设,存储了丰富的数字资源内容,为用户提供了便捷的知识服务。中国国家数字图书馆网站主要从数字资源、专题资源、活动展览三个方面建设。

6.1.1 中国国家数字图书馆数字资源建设

国家图书馆依托特色的文化资源,在其网站平台上建立了馆藏资源的检索与使用。中国国家数字图书馆数字资源共分为10个模块,分别为:古籍特藏、当代图书、近代图书、国图公开课、馆藏音视频、文津图书奖、永乐大典、国家珍贵古籍名录、文津经典诵读、征集资源。其馆藏资源中的外购资源主要分为八个类型:图书、期刊、论文、报纸、音视频、标准专利、工具书和少儿资源。表6-1具体展示了国家图书馆的馆藏数字资源。

表6-1 国家图书馆馆主要藏数字资源统计

类别	文献细类	藏量
图书	电子图书(种)	2238693
期刊	电子期刊(种)	43930
报纸	电子报纸(种)	3920
特藏专藏	数字方志(种)	6946
	石刻拓片(种)	26763
	甲骨实物(种)	6575
	甲骨拓片(种)	13776
	老照片(种)	7264
	善本(种)	26628
	敦煌写卷(卷)	11735

续表

类别	文献细类	藏量
特藏专藏	手稿信札(种)	1430
	家谱(种)	5741
	学位论文(篇)	10581414
	会议论文(篇)	7140713
	其他(种)	107980
	特藏专藏合计	17936965
视听文献	音频资料(首)	1873391
	视频资料(小时)	198250
数字资源存储量(TB)		2756.77
外购数据库数量(个)		227

数据来源：国家图书馆官网，https://www.nlc.cn/web/dzzn/guotuziyuan/index.shtml，数据统计截至2023年12月。

大数据存储技术推动了国家图书馆的数字馆藏资源建设，庞大的资源量推动了国家数字图书馆的建设。多类别的数字化资源为丰富用户的使用体验提供了帮助。其中，特色的馆藏资源是国家数字图书馆的显著优势。开放存取的发展进程推动了外文数据的广泛使用，国家图书馆的期刊外文数据库数量多、分布广。在中文数字资源中，图书数据库数量最多，古籍次之，这主要是由于国家图书馆特色馆藏资源的特点所决定的。

中国国家数字图书馆的访问方式主要有两种，分别是局域网读者卡访问和通过读者卡号远程登录访问。根据各类资源的不同性质，还可以通过本地光盘访问资源，通过互联网公开访问资源，通过代理服务器远程访问资源。

中国国家数字图书馆的中文数字资源的访问方式相较外文数字资源的访问方式更多。其原因主要有以下三方面：一是互联网技术的发展，推动了资源的整合利用，为呈现多样化的访问方式提供条件。二是用户对于知识获取的需求不同,具有个性化的特点,为合理利用资源价值,不同的访问方式各有不同。三是为注重资源版权保护,保障资源合理使用,不同的数字资源具有不同的访问方式。

6.1.2 中国国家数字图书馆专题资源建设

中国国家数字图书馆除特色馆藏建设外,同时在网站推出了专题频道,共分为5个子模块:古保(中国古籍保护网)、民保(革命文献与民国时期文献保护网)、典博(国家典籍博物馆)、百部(中华传统文化百部经典)、法律(国家图书馆法律馆)。

专题资源的建设为政府机关、科研机构、企业、图书馆等不同企业主体提供了多元化的服务,为不同的使用群体提供了多样化的资源。

6.1.3 中国国家数字图书馆活动展览

中国国家数字图书馆推出的活动展览,主要公布馆内活动展览资讯,包括培训、讲座、展览、专题四个子模块,为用户提供线上及线下活动展览预告,介绍相关信息与参与方式。

6.2 中国国家数字图书馆的技术融合分析

为充分利用国家图书馆已有的技术力量,为日后系统运行维护培养队伍,按建设目标分解建设任务,分别设立子项目组。截至目前,已先后启动技术支撑环境建设主导项目、资源建设主导项目、服务体系建设主导项目与标准规范建设主导项目,共56个子项目。

表6-2 中国国家数字图书馆技术支撑环境建设主导项目一览表

项目编号	子项目名称
A002	自动化系统扩充
A003	存储扩充
A004	光纤外连
A005	机房环境改造（一期）
A006	集群系统
A007	RFID
A008	无线接入网
A009	快速印刷
A010	一卡通
A011	二期机房建设
A012	办公自动化
A013	视频会议
A014	桌面设备与办公软件
A015	存储建设
A016	服务器硬件
A017	服务器软件
A018	异地灾备系统

数据来源：国家数字图书馆工程官网, https://www.nlc.cn/web/zdxm/newstgc/gjsztsggc/zx-mzjs/index.shtml。

由表6-2可以看出，国家数字图书馆工程主要依托于互联网技术的发展，充分考虑到资源的采集、加工、存储及规范化，为用户提供包含咨询、检索、培训等多元化的服务。充分利用了数字化的信息技术、元数据技术、虚拟现实技术等技术提供丰富的内容资源。

6.3　中国国家数字图书馆的服务融合分析

中国国家数字图书馆的现阶段的数字服务可以分为三个部分。

6.3.1　提供学术出版领域知识服务

学术出版知识服务主要是为学术出版的专家学者提供资料,其核心服务为文献查询。通过利用丰厚的馆藏资源构建数据库,为学术专家提供一个信息检索平台。文献提供中心以国家图书馆丰富的馆藏资源和各类数据库为基础,以其他图书馆和各个情报机构为外延,由专业的图书馆员提供个性化的、周到的服务,主要包括文献提供、定题服务和补藏业务等服务。

6.3.2　提供科研研究领域知识服务

科研研究知识服务主要是为科研参考提供了帮助,包括科技查询、馆际互借、论文收引、检索证明、翻译中心、社科查询、科技查询等。各部分的具体服务内容如表6-3所示。

表6-3　中国国家数字图书馆科研领域知识服务内容简介

序号	服务名称	服务内容
1	科技查询	国家图书馆科技查新中心可承担多个学科的查新委托,为查新委托人科研项目的开题立项,申报各级各类科技计划、基金项目、新产品开发计划,科研成果的验收、鉴定、评估、转化和申报各级科学技术奖励等提供科技查新服务
2	馆际交互	国家图书馆馆际互借中心依托国家总书库宏富的文献资源,以自愿互利的原则,最大程度上满足用户对所在地区图书馆缺藏文献的需求,实现最大限度的资源共建共享。包括与国内的馆际交互与国外馆际交互

续表

序号	服务名称	服务内容
3	论文收引	国家图书馆科技查新中心可以接受用户委托,对用户发表的论文或著作在SCI、EI、ISTP、CSCD等国内外著名检索工具中的收录及引用情况进行检索并出具检索报告,为客户申报两院院士、国家自然科学基金、杰出青年基金等国家各类教育科研基金,机构学术水平评估和个人职称评定等工作提供客观、准确的依据
4	检索证明	国家图书馆社科咨询室依托国家图书馆经验丰富的咨询服务队伍、丰富的馆藏中外文文献资源、包含各专业学科领域的国内外数据库资源,为用户提供及时、准确的检索证明服务
5	翻译中心	为了更好地满足读者的个性化需要,国家图书馆翻译中心提供各种文献的翻译服务,语种包括英语、俄语、日语、德语、法语、朝鲜语、西班牙语、意大利语、印地语以及一些小语种等
6	社科查询	国家图书馆社科咨询室依托经验丰富的队伍为科研队伍提供专题咨询、法律文献咨询、定题跟踪服务、事实查询、撰写文献综述、商业经济信息检索和专题数据库制作等服务
7	科技查询	依托国家图书馆丰富的印本文献资源,涵盖多学科的文摘和全文型数据库资源及Dialog联机检索系统,为中央和国家机关、重点科研教育生产单位、图书馆业界、社会公众提供专业的科技文献信息咨询服务

6.3.3 提供大众领域知识服务

大众知识服务主要是通过新媒体开展服务,向大众传播国家图书馆的数字资源,增强用户体验。国家数字图书馆的新媒体服务主要包括四个方面,有移动图书馆、电视图书馆、无线局域网服务和触摸屏服务,以下这里重点就介绍移动图书馆服务。

互联网广泛应用的今天,随着移动互联技术的发展,大众的阅读习惯逐渐向碎片化发展。随着5G的到来,移动互联网的速度得到了飞速的提升,

HTML5的技术为可视化阅读提供了基础,推动碎片化阅读的发展。国家数字图书馆为适应大众化阅读习惯,推出了移动图书馆服务——掌上国图。

"掌上国图"通过手机门户网站、应用程序、微信公众号、移动阅读平台、短彩信等多种服务形式,为不同使用习惯及需求的读者提供各种服务及资源,使读者不必到馆,即可随时随地享受国家数字图书馆的服务,各部具体内容如表6-4所示。

表6-4 掌上国图服务内容简介

序号	服务名称	服务内容
1	手机门户	新版手机门户集国家图书馆的服务提供与资源展示于一身,引入HTML5技术,采用页面扁平化设计,优化用户体验。主要分为四个功能区,即梳理为信息资讯区、移动检索区、读者服务区、资源阅读区,方便用户快速高效地获取目标资源及服务
2	应用程序	国家数字图书馆应用程序以服务和资源为主线,为读者提供享受国图服务、阅读在线资源的便捷方式。其功能模块包括:书目检索、电子资源、信息资讯、专题、书架和个人中心
3	微信公众号	"掌上国图"公众号采用服务号的模式,依托移动服务组业务和资源,为广大读者提供便捷的服务和及时的资讯
4	移动阅读平台	国家图书馆联合全国各级公共图书馆,以服务公众阅读为目的,共同建设数字图书馆移动阅读平台。移动阅读平台连接统一用户管理系统的各地方馆,其持卡用户可使用各自读者卡号或身份证号进行登录阅读;其他用户可通过第三方快速登录方式(QQ、微博、手机号)进行登录阅读
5	短彩信	该服务提供包括图书催还、续借、预约到达通知、读者卡挂失、发表意见与建议等基础服务

第6章 数字图书馆融合案例研究——以中国国家数字图书馆为例

通过上文的分析,我们总结了以中国国家数字图书馆为例的数字图书馆在资源融合、技术融合、服务融合方面的优缺点及其相关改进方法,得出以下结论。

(1)在资源融合方面,其优点是内容比较全面、自建了特色数据库。缺点是缺乏专业深度标引数据资源。因此,我们认为可以通过从出版社、内容提供商、研发公司等数字出版平台购买或引进深加工数据资源这样的方法来解决此问题。

(2)在技术融合方面,其优点是侧重存储与检索技术,方便用户快速找到所需资源。缺点是内容重组、修改等技术存在不足。因此,我们认为可以通过结合数字出版技术,共同支撑数字馆藏的方法来解决此问题。

(3)在服务融合方面,其优点是可以免费服务最大范围的用户。缺点是这种大范围的服务有时间和频次限制。因此,我们认为可以采用与数字出版平台合作,开展针对性的租售结合,收费与免费结合的模式来尽可能减少这种限制。

6.4 小结

国家数字图书馆工程的建设为推进数字图书馆的发展起到了不可磨灭的作用。如今,数字图书馆已广泛被应用于科研教育机构,为科研学习提供了大量的帮助和支持。随着数字化的不断发展,国家数字图书馆工程日趋完善,国家数字图书馆将会更加顺应数字化时代,开展知识服务。国家数字图书馆工程作为里程碑式的建设,为推动图书馆数字资源的整合和数字资源的广泛传播提供了帮助。在未来,国家数字图书馆的资源将会更加完善,其数字化服务也会越来越丰富。

国家图书馆的融合研究非常注重信息资源在时间、空间以及数量上的合理配置,资源配置通过适应处于不断变化之中的社会信息资源需求进而持续不断地调整各种信息资源,同时大大提高了资源的配置效率。

数字图书馆和数字出版平台对二者之间的融合存在协同关系。数字图书馆和数字出版平台二者既能独立开展各自的资源配置和相关的服务工作,同时各自的部门内部也展开不同的分工与协作,二者之间又相互影响相互制约,共同服务于二者之间的融合工作。不论是在资源融合、技术融合还是服务融合方面,数字图书馆和数字出版平台二者都能在不同程度上实现融合,共同致力于二者的协同发展,形成有序的发展状态,最终实现效益最大化。

做好数字出版平台和数字图书馆的融合服务工作,其最终目的是实现信息资源配置效率最大化,进而更好地服务用户,全方位提升用户体验感。这样一来,用户的感知价值同时也能反映服务过程和服务质量的好坏。有了这样的反馈闭环,通过改进服务之后,平台能吸引并留住更多的用户,用户也能因此获取自己想要的资源信息。这样的良性循环不仅促进平台的进步成长,还可以更好满足用户的需求,共同致力于数字出版平台与数字图书馆的融合发展以及为用户服务的根本目的。

【参考文献】

[1]王婷.知识产权出版社:做真正的数字出版[J].今日印刷,2017(8):71-72.

[2]晓阳.中献拓方:进入按需出版的全数字化时代[J].数字印刷,2017(8):38-40.

[3]钱京,胡新华.开创专业出版社特色业务 服务中国知识产权事业[J].科技与出版,2017(6):13-16.

[4]知识产权出版社 全流程数字复合出版平台正式出版图书[J].数字印刷,2015(7):69.

[5]王锐."互联网+"背景下数字图书馆的建设研究——以国家数字图书馆为例[J].出版广角,2020(12):85-87.

[6] 魏大威,谢强.国家数字图书馆的建设与展望[J].国家图书馆学刊,2019,28(5):7-12.

[7] 童忠勇.国家数字图书馆特色资源云平台的建设与实践[J].国家图书馆学刊,2018,27(5):99-105.

第7章
数字出版平台与数字图书馆的融合模型与功能互构路径

7.1 数字出版平台与数字图书馆的融合模型

通过对数字出版平台与数字图书馆的资源、技术、服务三方面融合的可行性研究，可以发现二者在业务单元上的关系密切并且具有"合二为一"的趋势，如在数据加工、数据标引、资源存储与管理、知识服务等方面，二者的边界十分模糊。基于这些共性要素，我们可以清楚地画出数字出版平台与数字图书馆的架构图，从而构建一个流程重组（BPR）的融合模型。

首先，在本书第三章论述了二者数字资源的生产、配置与传播模式，数字资源的生产或者获取，为之后的资源组织、资源利用奠定了基础。其次，第四章阐明了利用数字资源处理的共性技术与二者的个性技术：二者的共性技术可以共同完成数字资源的生产、管理与发布；二者个性化技术在当前也有互相借鉴、交叉的机会，并逐渐统一标准，统一规范。再次，在第五章论述了二者服务主体的统一，即都是为读者或者用户提供知识信息服务，多元化、个性化的服务模式都是围绕用户需求展开的。最后，第六章选取了三个案例进行对比分析，讨论了数字出版平台、数字图书馆和二者融合模式的优点与缺点，为我们构建融合模型提供了参考。

根据资源优化配置理论，由价值规律来自动调节供给和需求双方的资源分布，用"看不见的手"优胜劣汰，从而自动地实现对全社会资源的优化配置。而资源优化理论中，资源融合更多的是优化资源配置，数字出版平台以及数字图书馆的资源融合在结合资源优化配置理论的前提下，不仅能够根据各自资源的特色将原本的资源配置方面的优势发挥出来，而且可以在资源共享之后进一步进行深入联系，进而实现共赢。结合数字出版平台与数字图书馆的资源、技术、服务三方面融合的论述，我们可以形成图7-1数字出版平台与数字图书馆整合模型。

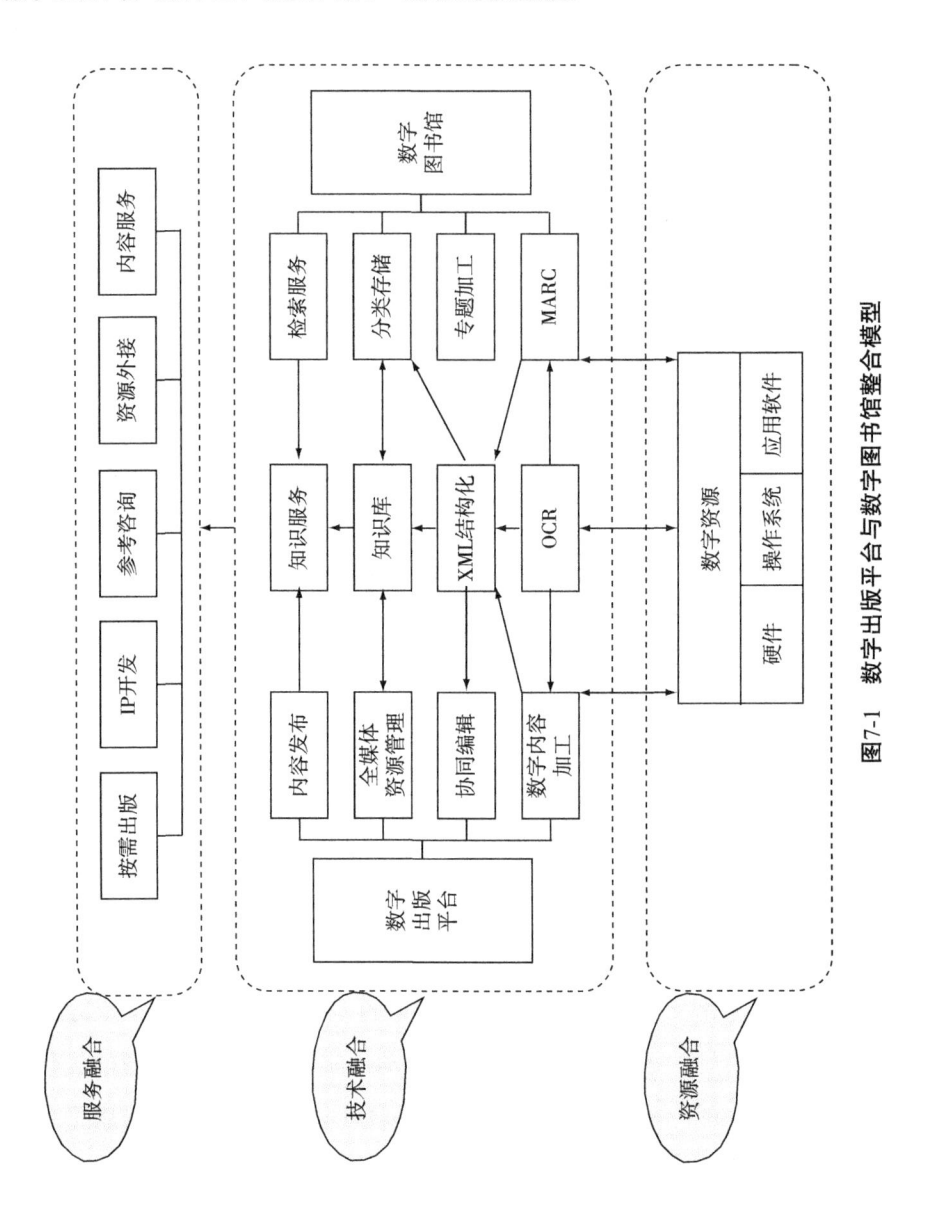

图7-1 数字出版平台与数字图书馆整合模型

数字出版平台与数字图书馆相互依存。数字出版平台是数字图书馆发展的推动者,数字出版平台是数字图书馆拓展馆藏的重要途径。处于融媒环境下的数字图书馆,急需完善和拓展数字资源的存储。除了数字图书馆

第7章　数字出版平台与数字图书馆的融合模型与功能互构路径

自身建立的数据库（如CNKI全文数据库、维普中文期刊数据库、中国基本古籍库、CSA等）和其他图书馆协议共享的数据资源外，其余大部分的数字资源还需向数字出版商采购。数字出版平台与数字图书馆是"源"和"流"的关系。图书馆的自建资源不够规范，缺乏权威性，难以满足研究型读者需求。如果没有大量不断更新的数字出版物作为资源保障，数字图书馆将会成为无源之水，无本之木，无法生存和发展（图7-2）。

同样，数字出版平台的内容创作来源也需要数字图书馆的支撑。数字出版平台的作品属于文化创意产业的一部分，而创意人的思维、创造及选题、策划都离不开数字图书馆内容信息的支撑。一方面，数字图书馆的内容为创作者提供了学习、进步的机会，增强了创作者的潜在能力；另一方面，数字图书馆的数字资源方便统计，大众关注的热点容易成为选题策划的焦点。数字图书馆的服务为创意、策划、创作提供了支撑，这些活动为数字出版平台生产内容，服务用户（图7-3）。

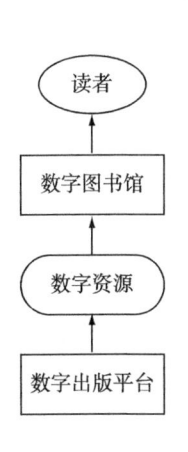

图7-2　数字出版平台为数字图书馆提供资源服务示意图

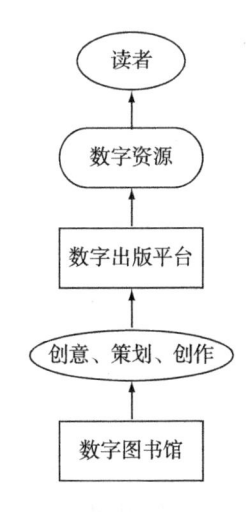

图7-3　数字图书馆支撑数字出版平台创作生产内容进行服务示意图

7.2 数字出版平台与数字图书馆资源互构路径

数字出版飞速发展,数字资源急剧增长,这些都对数字图书馆建设信息资源模式和组织结构模式产生了较大的影响。同时,图书馆的资源结构产生变化,使数字图书馆的信息功能服务方式也随之改变。因此,数字图书馆应重视信息功能的实现方式,满足并完善社会和用户的需求。

7.2.1 加强数字资源建设

随着网络技术的发展,信息内容的发送与接收的效率也大大提高,数字出版物的数量迅速增多,出版业的数字资源也不断发展。这就给图书馆中保存的依靠传统形式印刷的馆藏著作的流通、发行带来了直接的冲击。

图书馆要生存和发展,就必须打破物理限制。在数字出版环境下,图书馆应继续开发其馆藏资源的类型,将在网络环境中极为经典、特色的数字资源通过正当、合法的手段转化为馆藏资源,并通过运用网络技术、数字流媒体技术等专业技术,对这些数字资源进行保存与管理,建立一个让用户便于操作,拥有简单界面的数据库。这样,图书馆在具备纸质资源的同时拥有了信息功能服务能力,便能通过多元化的服务满足用户不同的需求。

7.2.2 建设配置精细知识资源

数字图书馆要提升知识资源的精准性和全面性。数字图书馆根据学科发展、专业领域、研究特长等特色需求,多方面建设和配置知识资源内容。知识资源是精准知识服务的重要基础支撑,数字图书馆要推进精准知识服务,提供什么样的知识资源是其服务根本,否则数字图书馆的服务就无从开展,更谈不上如何开展精准知识服务。创建包含所有类型在内的大规模数字资源库是现阶段数字图书馆建设面临的问题。数字图书馆亟须通过对数据进行深度挖掘并充分利用,以拓展数字图书馆的增值服务。这促使数字图书馆增进与数据库供应商、数字出版商的合作,充分调动数字出版产业链上的资源进行数字图书馆的建设,完善馆内资源的配置和存储、有效整合外部资源,提高数字图书馆知识资源的全面性和丰富性。

数字图书馆要在知识的语义层面进行深度挖掘与分析。在技术应用方面,重视语义技术和可视化技术应用,广泛应用大数据挖掘与分析技术提高知识组织、检索与可视化的水平,加强知识采集与处理、知识组织、分析预测、服务推荐等活动的服务质量[4]。数字图书馆利用领域本体等语义技术,对知识资源进行挖掘、分析、可视化等处理以提高服务质量和效率。此外,数字图书馆在提供文献、电子书等的知识资源内容的同时,还要对知识单元进行微观层面的深度挖掘以识别知识单元之间的关联,实现知识资源内容的处理和聚合,为用户提供相关度高的知识单元,进而提高知识服务的精准度和有效性。

7.2.3 建立合作伙伴关系

对数字出版平台而言,图书馆作为传统而专业的资源组织、管理、共享和长期保存机构,已经积累了许多有效的理论方法,并且具备相应的服务平台。除了可以提供特色的馆藏资源之外,图书馆最大的优势就是可以参与到内容资源生命周期的上游——生产阶段。例如,牛津大学出版社与曼哈顿图书馆等达成协议,通过大学出版社学术在线平台(University Press Scholarship Online,UPSO)传播学术图书内容[9]。对生产阶段产生的内容资源数据进行管理,使原生数字化资源逐渐增加:通过构建量化与质化的知识体系,从而发现知识规律,使隐性知识显性化;通过不断的反馈逐渐积累形成知识系统,将这些资源进行分类,筛选出满足数字出版需要的优质资源。这样既为数字出版机构之后流程资源交流提供支持,还吸引一些潜在的用户。

另外，由于学术图书馆积累了丰富的数据管理和文献引用计量工作的经验，可以通过收集和管理用户的数据，推动数据引用技术和工具的发展。图书馆与数据库商、出版商、科研机构、资助者等有着稳定的合作渠道和丰富的沟通经验，对于协调数据引用工作相关利益方，促进基于数据引用工作的合作和标准化工作统筹都有着重要作用。

对数字图书馆而言，数字出版机构为图书馆供给的主要是电子书、电子期刊、期刊数据库，其角色主要是数字内容的供应商和平台的运营商，如中国知网、Elsevier Science Direct 数据库。内容提供商可以通过销售直接增加收入，图书馆从内容提供商方面直接获得了大量的数字资源。此外，内容提供商可借助自己掌握的市场动向、出版前沿信息等方面资源优势，向图书馆提供参考数据，以便于图书馆更好地调整馆藏结构，提高服务效率。2012 年哈尔滨报业集团与哈尔滨市图书馆合作建立了资源共享平台，实现了平台内 240 万种图书、330 万种书目信息和全文资料的共享[10]。数字出版与数字图书馆通过信息资源共享，共建数字资源平台，不仅能够最大限度地节约资源，也能够使双方在合作中实现创新。

数字资源的版权保护与数字资源的共建共享相伴而生，谈及数字资源的共建共享离不开数字资源的版权保护。版权保护过程中不能过分强调保护版权人和出版机构的利益，否则可能加剧数字资源保护与公共获取之间的矛盾。所以，数字资源的版权保护应在重视保护版权人利益的前提下，以实现信息资源的共通共享为最终目标，适当放宽数字资源的版权保护，建立图书馆与数字出版机构基于版权保护的合作伙伴关系[6]。

一方面，要建立双方之间版权利益相融合的交易模式。例如，德国的德古意特针对图书馆数字资源购买量与使用量不成比例的问题提出"先租后购"数字发行模式[7]，即图书馆在获取数字资源的使用权时只需要先支付一定的租金，待资源租用期满后再根据用户对数字产品实际需求有侧重地购买数字产品。这种版权利益融合的交易模式规避了以往不论图书馆大小、读者多少、资源使用率多少都交付同样租金的弊端，也大大减少了图书馆因财力不足无力向数字出版商支付费用而出现的数字产品侵权现象。

另一方面，要提倡以开放获取数字资源的方式缓解资源使用过程中有偿使用与合理使用之间的冲突。学界在经过理论和实践的不断探索之后，发现了一种开放获取的新方法——自助许可辅助的开放获取，即数字出版者可以选择以有偿的方式把自己的作品置于共享的互联网中供他人使用，这样，出版者就可以实现"我的权利我做主"，以合理的价格让他人利用自己的作品[8]。数字出版者在开放获取过程中获得了一定的经济收益，这有利于提高他们参与开放获取数字资源运动的积极性，使公共数字资源产品不断丰富，同时又有效保证了图书馆合理使用数字资源的权利。

数字出版平台与数字图书馆的数字资源分配供给问题不仅要切实考虑双方利益的需求，还应该深度构建数字出版平台与图书馆两者的依存关系、业务关系，开发两者的融合渠道。数字出版平台想要降低宣传的成本，可通过提高数字产品与数字出版物的产出数量来实现。数字出版平台可以对图书馆采取数量折扣的定价策略，这样不仅能使数字资源被数字出版平台垄断的局面发生改变，还能提高数字图书馆在定价数字资源方面的话语权。中国高等教育文献保障中心通过集团采购代理方式与中国知网、万方等数字出版平台形成优惠采购契约式联盟；数字图书馆要想降低使用成本，可以采用差别定价模式，以面向用户使用频次的定价模式为例，这种模式不仅可以帮助图书馆减少低频使用数据的经济成本[11]，也可以让数字出版平台得到大量可靠的使用数据。想要提高数字图书馆在知识服务方面的核心竞争力，就要降低数字出版平台对数字图书馆资源供给的依赖，注重对数字出版平台反向输出。

建立数字出版平台与图书馆资源内容合作的伙伴关系。数字出版平台致力于图书馆数字资源建设，建立数字资源从内容生产到自助出版一站式的传播平台。那些拥有内容资源的知识服务商，如果引入资源共享与全时沟通的平台运行机制,不仅能够形成资源优势联盟,还能减少数字出版平台重复建设,减少数字资源的浪费。例如,2016年合肥报业传媒集团与合肥市图书馆合作组建资源共享联盟,实现了联盟内数百万种图书信息与全文资料共享[12]。资源共享平台的汇聚优势使得资源共享联盟内的信息资源的自由获取,进一步加强知识服务的指向性和有效性。

7.3 数字出版平台与数字图书馆技术互构路径

数字出版作为内容产业的一种,内容本身最具价值,是数字出版行业竞争的关键,而只有维护好版权数字内容资源才能实现收益。但是数字出版是以互联网和计算机技术为基础的,数字资源易于被复制和转载,且不易发现,即使发现也追究不易。因此,互联网上发生的内容侵权行为相比于传统出版领域的侵权行为成本更低、风险更小,收益更大。其次,互联网开放平台打破了传统出版的地理界限,具有高度的流动性,这对传统版权保护的地域性和时间性提出了挑战。

7.3.1 精准知识服务系统创新

数字图书馆通过大数据分析,创新面向用户服务机制。最初建设的数字图书馆的知识服务属于初级服务,无法通过对海量数据资源的深度挖掘和处理,满足用户精准化、多样化的知识需求。现阶段的数字图书馆应将被动、共性化的服务模式、服务方式和渠道向积极主动、精准推送转变。通过大数据技术,系统开发和优化数字图书馆精准知识服务界面和服务功能,在全面的基础上开发创新。另外,数字图书馆还需优化知识服务方式,在深度挖掘数据库的基础上,增强知识导航、推荐、发现等智能化精准知识服务模块。通过可视化技术,对知识资源进行可视化表达和呈现,丰富其表达形式。同时,数字图书馆要借助社交网络、即时交流工具、在线问答等互动交流机制,加强与用户之间的联系,通过用户的使用与反馈不断优化和更新精准知识服务模式,为后续精准服务工作的开展提供参考。

数字图书馆要提高工作人员的各项专业技能。基于大数据服务平台创新服务模式,数字图书馆可选拔专业的人才作为服务馆员,培养具有数据利用能力和进行专业知识服务的专业人才,规范和约束数字图书馆服务人员的行为,创新和优化知识服务流程,从而保障精准知识服务的可行性。数字图书馆可根据不同的用户群体的需求,建立"一对一"的精准服务机制,以提高精准知识服务的质量。

数字出版平台可以保持对数字图书馆的技术开发和维护创新的支持,解决我国数字图书馆数据库创新建设和搜索引擎相对滞后的问题,提高两者统一标准化的服务价值。此外还可以使数字出版平台的信息内容得到与其相适应的定制化、个性化推广,图书馆的特色馆藏数据库内容与数字出版产业相应标准进行对接,使双方的垂直搜索引擎共同优化。同样,如果图书馆的特色馆藏数据库既有技术条件还有资金支持来建设、完善搜索引擎,使数字图书馆建立并引领行业领域的检索数据标准,持续提高用户相应信息搜索体验。

7.3.2 建立统一数据格式标准

数字出版平台与数字图书馆两者的发展时间和速度不均衡,使得对数字资源的建设标准不一致,同时缺少完善的标准化的建设法律制度,两者很难做到标准格式的共享,并且不同的数字出版商数据格式不同,所产生的数字内容阅读载体也不尽相同。用户想要同时阅读多个数字出版商的数字资源,就必须下载各自对应的阅读器,这给用户阅读带来了麻烦。例如,超星的SSReader图书阅览器、中国知网的CAJViewer7.0全文浏览器、各出版商推出的适用于iPhone技术的阅读软件,如iPhone手机阅读器、超星阅读器iPad版,iComic-comicviewer则是基于iPhone和iPodtouch的一款漫画阅读器。虽然各自出版商为用户提高便捷性,不断改进、升级自己的阅读软件,但是用户面对众多数据商的格式,难免会无所适从。所以,用户无障碍阅读并共享资源,是数字出版平台与数字图书馆实行标准化建设,要打破行业保护的禁锢,统一数据格式、统一阅读器的关键。

数字出版与数字图书馆应该构建统一的标准和规范,无缝对接两者的数字资源,以便实现跨界合作共赢。依靠数字出版平台开发技术统一标准,将两者的信息资源通过数据库的方式进行整合,这样不但解决了数字资源互通性在技术层面上的瓶颈,还能够实践探究数字资源和知识服务等相关问题。数字出版平台与图书馆应建立数字资源的统一入口,以便数字出版产业链不同节点的知识服务主体通过统一检索入口获取数字资源,进而规避数字出版平台重复建设。

7.3.3　构建技术合作的开发模式

在技术层面,数字图书馆和数字出版机构各自的技术优势不同。技术的研发是需要耗费大量人力物力的,双方实现技术上的互补与合作,能够大幅降低双方的业务开展成本,提高双方的业务开展效率。

出版平台与最前沿市场信息的结合,推动数字产品的开发。数字图书馆在数字信息资源标引、分编、典藏等方面的技术相对成熟。数字出版机构可借助其技术完善平台机构,通过数字图书馆对相关信息的整理分析,获取前沿科技和发展趋势,提高技术发展。数字出版机构可通过数字图书馆所提供的读者信息,进一步完善数字产品的服务功能,这也有利于数字出版开发出更符合市场需求的新型产品。

优秀馆藏内容与先进阅读技术的结合惠及图书馆、技术提供商和读者。

第7章　数字出版平台与数字图书馆的融合模型与功能互构路径

数字出版机构在数字挖掘、压缩技术、存储技术等方面技术更加成熟。数字图书馆的运作需要各类数字出版技术与信息传输技术，而其在技术维护方面显然不占优势，通过数字出版商和数字图书馆的合作正可弥补这一弱势。用于支持数字图书技术发展的技术包括数字传输技术、数字复制技术、数字资源长期保存技术、数据库建设与维护技术、数字标准格式转化技术、数字兼容技术、数字资源访问技术、数字内容加密技术、数字水印技术、DRM技术等。例如，谷歌与图书馆合作，将古籍内容搬到阅读器上，阅读界面完全是仿照古书的感觉，给古籍爱好者带来真正的享受。

按需出版的发展让图书馆开发出版特色馆藏资源。按需出版的理念和技术能够进一步推动图书馆特色馆藏资源的出版，从而丰富图书馆的数字馆藏资源，实现技术上和经济上的一种双赢。例如，美国出版商Smashwords 2013年开始使用其自助出版技术与图书馆合作，帮助他们充分利用馆藏资源优势建立社区型自助出版。

技术服务是决定着数字出版的知识服务和效益的重要因素，也是其产业中游深度加工的关键支撑。为达到经济效益最大化，数字出版平台与数字图书馆两者都在不遗余力地推进自助出版服务的进程，已经认识到自助出版的可行性和必要性。图书馆需要数字出版平台提供相关的数据支持，因而数字图书馆需要与数字出版平台进行战略技术合作，构建具有馆藏特色的资源数据库。如方正阿帕比数字出版技术服务商与国家图书馆合作创建少数民族古籍特色资源数字化平台，将馆藏专著、学术论文、科研项目与音视频资料进行数字化整合，有效提高了国家图书馆拓展利基市场的竞争优势。

为有效避免出版数字化过程中的刻板化与盲目性，数字图书馆应该向数字出版提供智能配对供需的标准化服务。数字图书馆具有一定的用户基础，拥有大量用户的基本信息，将这些数据信息汇总形成数据库，可以对数字出版的内容生产方向提供参考与指导。

7.3.4　共同维护版权人利益

维护版权人的合法权益的前提,就是要努力提高图书馆的版权意识。《中华人民共和国著作权法》《中华人民共和国著作权法实施条例》《著作权集体管理条例》《信息网络传播权保护条例》《数字图书馆资源建设和服务中的知识产权保护政策指南》等法律法规,数字图书馆资源建设和服务中的知识产权保护政策指南等法律法规,是数字出版企业和图书馆建设相关人员必须掌握的。数字图书馆的发展受到知识产权保护法律法规的制约,进行数字图书馆的建设时要遵循相关法律法规。一方面,图书馆应对图书馆员、版权人、读者从道德意识和法律意识方面加强知识产权意识,再通过技术层面加以巩固,这是解决知识产权问题的根本方法;另一方面,合法授予公益性数字图书馆的邻接权应尽快推进。

通过网络技术实现信息内容的数字化,数字资源的传输、下载、复制的便捷性,受到越来越多青睐的同时,也对出版商的版权保护带来挑战。如某些用户在得到数字资源的使用权后,随意地将内容转换成其他的格式,进行非经营性、大范围的再传播,这时出版商的合法权益就很难得到保障。为此各大出版商不断革新版权保护技术,如超星对需要付费的书都做了加密处理,方正的 CEB 文件只能在下载位置用专用阅读器看,书生的 sep 文件只能进行浏览、打印、盖章等限定操作,不同程度地限制了数据的呈现、下载、复制、传输,对自身的数据进行相应的技术处理。[5]这种在保证受众的合法阅读权益的同时,适当限制用户非营利性数字资源传播行为的发生,并且积极打击网络盗版侵权行为的措施,在一定程度上保证了数字出版商的合法权益。

7.4 数字出版平台与数字图书馆服务互构路径

7.4.1 精确划分用户与分析需求

1. 数字图书馆对用户进行精准定位

精准服务的对象有团体有个体,是分层次的,精准定位就要求把握每个层次用户的需求。数字图书馆精准知识服务的前提条件就是对服务对象的精准定位划分,把握不同个体的服务需求差异,进而对每个层次的读者对象进行个性化的服务。例如,以院系为单位的团体用户群、某个研究领域为聚集的团体用户群,他们的属性在某种程度上类似,其服务需求也有相通之处。[2]对于此类用户,就可采用聚类方式将用户聚合,分析用户特征后开展针对性知识服务。

2. 数字图书馆要准确把握用户需求

数字时代知识消费者的消费行为和消费需求发生了很大变化:在知识获取上,需要无缝链接和自助服务;在知识服务互构内容上,需要从简单文献获取转移到知识发现,甚至是知识创新;在知识检索上,需要一站式、修改化、全文化、可下载;成本上,需要最快、最省力。[3]数字图书馆对用户服务需求的挖掘分析与建模可通过智能信息处理、大数据挖掘等信息技术完成。数字图书馆的用户具有层次性和动态变化性,同时要求底层服务需求对上层的服务需求有一定的支撑性,通过识别用户层次,可为其定制个性化服务。例如,根据用户需求动态变化的特点,对用户小数据进行采集和分析以形成用户实时需求模型,进而保障用户服务的时效性和准确性。数字图书馆也可以利用大数据挖掘与分析方法对用户信息库中的数据进行分析,对用户未来可能产生的需求加以预测。此外,数字图书馆可利用大数据技术探索构建数字图书馆联盟用户信息共享平台,建立标准的用户信息数据交换模式,实现用户信息联盟共享。

根据用户感知理论,服务主体在为用户提供服务时,其质量与用户的真实感受息息相关。不同终端、不同业务、不同地点、不同网络制式接入都是影响用户感知的重要因素,这样就使得用户感知的分析和评价工作比较复杂。用户感知的效果将影响用户满意度和用户对服务质量的评价,关系到用户是否再次使用以及是否会形成偏好。

7.4.2 信息功能融合

1. 深化信息服务内容

随着数字信息内在质量的普遍提升,公众对数字信息服务的要求也不再仅限于准确性、高效性、便捷性、及时性等一般要求,而是更希望得到相关信息的增值性服务。例如,图书馆馆藏的专家型信息资源在经过准确分析、处理、整合后,转变为用户对信息、知识的需求,而不是单纯的文献需求。

目前许多图书馆的信息服务要求深化文献信息,以用户需求为向导,而不是单纯的提供原始文献,其服务方式也应向知识、信息资源重组等创新模式转变。为了使用户能够更加综合地、便捷地了解在某方面的全部信息,数字图书馆要了解读者的基本信息,掌握其对知识的相关需求和特点,在此基础上,为读者提供更深化的知识内容的、专题性的服务。图书馆也要对馆藏资源实时更新和整理,重视文献的第二、第三次的开发和利用,确保所产生的如研究述评、专题综述、研究报告等新的或是更高水平的信息内容更为全面、高效。同时,在数字出版环境下,图书馆可以发挥其自身的优势,体现其较强的信息组织能力,建立区域性或者全国通用的数字出版平台,出版商可以将已出版的一些数字资源都汇集到数字资源整合平台,图书馆将这些杂乱无序的数字内容进行加工和处理,为图书馆用户可以直接从互联网收集信息资源提供了可能。

数字出版促进了数字资源的增长,对数字图书馆的信息功能的实现产生了一定影响,使得信息资源建设更加便利。未来可能实现数字资源直接通过网络渠道传送到用户的手里,而不是通过中介机构——数字图书馆,这将会使图书馆的信息资源供给作用逐渐减弱。所以,数字图书馆在实现信息功能建设的同时,要重视提高用户的信息服务能力和自身的信息组织能力,才能够在越来越激烈的环境竞争中,使用户依旧使用数字图书馆获取有效的、高质量的数字信息资源。

2. 重视个性化信息服务

图书馆在服务模式方面可根据受众的需求提供个性化阅读服务。读者群体的性别、年龄、工作状态、阅读偏好、阅读习惯等存在差异,图书馆可根据这些差异划分不同的阅读空间,制定更有针对性的信息服务,提供适合特定受众的阅读资源。此外,图书馆馆员也应为方便用户阅读作出努力,实现"读者友好化"。图书馆应将信息功能发挥到最大限度,包括:改进传统的信息管理模式、信息服务观念和信息服务方式;加强学习、利用网络技术在信息服务中的优势;与用户群体建立安全、稳定的信息服务沟通渠道,定期推送图书馆相关信息资源内容;确保原有馆藏资源的基础上,努力开拓相关图书的资源类型增加馆藏资源的数量,建立网络信息资源的数据库;为完善图书配套设施,努力发现新型网络出版物,制定统一的管理体系。

7.4.3 建立多方市场合作

数字出版平台与数字图书馆要采用数字资源获取开放自由的方式,以两者权益相互融合的方法进行市场竞争协同,其中对版权的规范与约束对数字资源融合共建尤为重要。在对数字资源进行版权保护的过程中只强调双方权益的主体,就会产生私人利益和平台利益的矛盾与冲突,所以要在确保著作权人合法利益的基础上,构建相应的数字资源版权契约制度。

1. 建立数字出版平台与数字图书馆的版权利益相融合的交易方式

德国林克斯出版商针对图书馆数字资源采购与使用比例失衡的投入产出矛盾,提出先租后买的数字发行模式,即数字图书馆仅需预付部分数字资源的使用权租金,当租期届满后依据用户的实际需求,再有针对性采购数字资源。[14]采用先租后购的交易方式,这填补了数字出版平台资源服务差异化的缺陷,也减缓了数字图书馆因无法承担高昂的数字资源费用而采取的版权寻租现象的出现。

2. 倡导以开放存取方式避免资源有偿使用与合理使用之间的零和博弈

数字出版平台可借鉴德国德古意特出版商自助许可辅助开放存取的做法,选择有偿方式将数字出版产品置于共享局域网中,通过议价手段让他人使用自己的产品,图书馆用户也能按需索取具有成本优势的数字资源。此举不仅能使数字出版平台在开放存取中获得不菲的经济收益,也能确保图书馆在合理的资源定价条件下享有数字资源使用权。

【参考文献】

[1] 王海霞. 我国数字出版与数字图书馆的协同发展[J]. 创新科技, 2013, 000(12): 44-45.

[2] 余杨. 大数据环境下数字图书馆精准知识服务体系构建策略[J]. 图书馆学刊, 2019, 41(8): 115-120.

[3] 肖希明, 黄连庆. 以需求为导向的数字信息资源开发[J]. 中国图书馆学报, 2007, 33(6): 65-68.

[4] 苏新宁. 大数据时代数字图书馆面临的机遇和挑战[J]. 中国图书馆学报, 2015, 41(6): 4-12.

[5] 滕杰. 数字化时代高校图书馆的生存和发展[J]. 江苏经贸职业技术学院学

报,2018(5):57-59.

[6] 肖燕珠. 基于利益平衡机制的图书馆与数字出版机构合作研究[J]. 图书馆工作与研究,2018(1):67-71.

[7] 刘佩芝. 数字出版环境下高校图书馆学术出版的角色定位与服务转型研究[J]. 河南图书馆学刊,2017(7):49-51.

[8] 张平. 数字图书馆版权纠纷及授权模式探讨[J]. 法律适用,2010(1):40-42.

[9] 牛晓宏. 基于数字出版产业链的数字出版机构与图书馆合作策略研究[J]. 现代情报,2013,33(11):8-11.

[10] 杨经铭. 数据库出版商与高校图书馆的战略合作关系[J]. 中华医学图书情报杂志,2011,20(3):18-20,23

[11] 董伟. 数字出版平台与图书馆跨界合作的利益冲突、链式逻辑与协同路径[J]. 出版广角,2018(19):42-44.

[12] 于永丽. 数字出版机构与数字图书馆合作路径探讨[J]. 科技风,2020(2):205-206.

[13]吉宇宽.数字出版者和数字图书馆著作权交易的冲突与融合[J].情报资料工作,2014(5):39-43.

[14]刘佩芝.数字出版环境下高校图书馆学术出版的角色定位与服务转型研究[J].河南图书馆学刊,2017,37(7):47-49.

结　语

（1）研究结论

数字出版是国家重点扶持发展的新兴产业,数字出版平台是出版业新业态的主要代表;数字图书馆是国家信息基础建设和国家公共文化服务体系的重要组成部分,两者既相互依存,又协同发展。数字出版平台是数字图书馆的发展基础与支撑,数字图书馆则是数字出版平台的重要传播载体和传播渠道。从推进数字资源效用的最广泛化和利用的最大化角度上来说,数字出版平台与数字图书馆的目的是一致的。因此,虽然两者在生产路径、配置方式、传播模式上存在一些竞争和矛盾,但是通过恰当的合作模式可以使两者最终走上协同创新、共同发展的合作之路。

是否以营利为目的并不是二者的主要矛盾,资源的共享、技术的共用、标准的共建、服务的共融才是二者合作的主要路径。数字出版平台与数字图书馆的融合实践探索需要大量人力、物力和财力。二者的融合无法照搬现成模式,要根据具体情况探索出适合我国融合发展的新模式。新模式的产生与应用,也将大幅度提高资源使用效率,提高社会效益与经济效益。

（2）研究不足与展望

数字出版与数字图书馆的融合发展并不是此消彼长,而是互利共赢的状态。但是融合过程中会遇到人才、技术、版权或资源方面的种种困境,本研究由于精力与篇幅所限,难以一一展开研究。

为了能更好保障数字出版平台与数字图书馆的融合发展,后续应当在"成立出版联盟平台""深入开发特色资源""统一技术规范标准""加强知识产权保护"等方面展开进一步研究。

附录　专家访谈报告

本书前期开展了大量的调研工作,通过对出版行业和图书馆学、情报学相关专家就数字出版和数字图书馆的内涵、定位、实践等相关内容开展了较为深入的专家访谈,专家访谈具体内容如下。

问题一:您对数字资源、数字图书馆、数字出版三项内容的基本概念是如何界定的?

1. 刘冰

我认为的数字资源种类繁多,从早期通过扫描获得的图片格式的文献到数据库、知识库内容,都属于数字资源的范畴。当前的数字资源一般指能够依靠某种硬件设备或终端使用的文字、音频和视频内容。

数字图书馆是一个交叉领域,与计算机科学、信息技术等存在着很强的关联,数字图书馆取代传统图书馆是未来的发展趋势。

数字出版可以从狭义上被理解为数字内容的生产流程,而从广义上来看,出版物的数字化、内容的数字化、用数字方式展示的内容,都应该是数字出版。

2. 柯平

我认为,关于数字资源、数字图书馆、数字出版,大家并没有公认的概念,不同主体对其界定的角度也不同,如图书馆从图书馆学角度进行界定,出版从出版科学角度进行界定,同时还可以从广义和狭义两个方面来界定。

数字资源：从产业角度来看，大部分人是对数字资源的内容进行界定的，认为数字资源是有价值的、可开发的文献信息。从图书馆角度来说，广义上的数字资源通常以数字化为载体，呈现的是内容资源的形态，同时有些数字资源由早期的非数字资源转化而来，早期被称为"电子资源"，目前其形态呈现多样化，如磁盘、CD、网络等；狭义上的数字资源包含数字馆藏（虚拟馆藏）、数据库、电子出版物等。

数字图书馆：数字图书馆是新型图书馆，相对于传统图书馆，其最早由图书馆提出，也称为"电子图书馆"。电子图书馆、虚拟图书馆、数字图书馆三者有交叉，但不完全吻合。具体而言，电子图书馆以电子形式呈现，并不完全基于网络；虚拟图书馆是从空间角度来说的；数字图书馆则涵盖了网络和非网络的资源。数字图书馆一般分为两种类型：一种是从图书馆学角度出发，在传统图书馆类型上建设的数字图书馆；另一种是从社会产业角度出发建设的数字图书馆，如超星、知网等。

数字出版：我理解的数字出版是指在数字化背景下产生的出版形态。换言之，出版业是图书馆的上游，包括电子书。

3．王东

数字资源：我认为数字资源是针对传统的文字内容进行数字化编辑、采用数字化的展现方式的内容资源。从内容层面上来看，数字资源有很多种形式，包括数字图书、数字期刊、数字报纸等；从技术层面来看，可以是PDF、XML、EPUB等格式，当然也包括亚马逊这种自有格式的。换言之，数字资源只是我们所说的传统内容资源的另一种展现形式。

数字出版：是相对于传统出版而言的，传统出版是通过印刷的模式把内容生成一种产品形态。而数字出版实际上是对传统出版的一个升级，是引入了数字信息化技术的一种概念，我们应该把它理解为出版。那么出版是什么呢？它就是人们劳动智慧的创作结晶，当智力创作形成体系后，需要进一步的传播,所以才会有出版这种业态。数字出版出现后,传播形态更加多样化了,我们可以通过网络、通过各种产品形态获取内容。因此我个人理解的数字出版,给出版提供了更广阔的空间,这种空间有更多的产品形态、更多的传播渠道。这也就意味着有更多的人群可以接收内容,整体上提升自身的社会价值。

数字图书馆:这是与传统图书馆相对照产生的一个新的概念,其从20世纪90年代末期发展到现在,已经有了二三十年的历史。在过去,对图书馆的定位主要有两个,一个最核心的定位是版本收藏,另一个定位是服务教学科研,所以图书馆一般只有纸质图书。而在数字图书馆的初级阶段,其内容和服务方向发生了变化,不再只有纸质印刷型资源,而是开始出现数字产品,其内容不再受时空的限制,即使在图书馆闭馆后,仍然可以访问其网站,它的服务能力得到了提升。此外,数字出版提升了数字图书馆的服务能力。从产业的角度来看,无论是数字出版还是数字图书馆,都是数字产业链中不可或缺的环节,此外还有流通环节、印刷环节、生产环节等。如果这些环节也能够进行数字化升级,那么就形成了数字产业链的闭环。在这个新的时代,数字图书馆不再仅仅简单地是形式和服务的数字化,而是作为一个机构,在数字出版的背景下,成为知识服务单位或者主体,其未来创新的三个方向如下:一是其服务内涵的创新,即其服务的内容丰富了;二是服务的手段方式的变化,原来图书馆是人对人的服务,现在数字图书馆可以提供数字化网络的服务。数字图书馆,也叫智慧图书馆,它可以利用图书馆所能提供的一切资源,既包括印刷型资源、数字型资源,还包括图书馆的空间、环境、氛围、人员,形成整体的服务内容,所以其服务能力得到了大大的提升;三是服务主体的变化,其通过数字信息化手段,既能够改变提供服务的主体,也能够把原来的受体变为主体。

4. 王涛

个人认为,数字资源是以二进制存储的文献,数字图书馆是以数字资源作为服务资源的图书馆,而数字出版是出版二进制形式文献的传播活动。

5. 赵英宽

个人认为数字资源、数字图书馆、数字出版三者的界定并不在一个层面上。数字资源是作为数字出版中的一个单元或者一个元素出现的。数字出版是在互联网上传播或是出版的一种活动。如在出版行业中,会把纸书扫描为电子书等,而最早对电子书的定义就是数字资源。在融合出版中,数字资源则大多包含了音视频、图文图像、电子书等,当然也可以将其定义为一种传播介质。

数字图书馆是作为数字出版早期的一种产品形态呈现。如出版社将纸书转变为电子书,通过两种渠道呈现给用户:一是通过当当、京东、亚马逊网站及相应的资源机构呈现;二由出版社开发数字图书馆(如中信出版社),并将其数字资源内容销售给有需求的学校、企业等机构,并为其提供数字资源服务。

6. 张忠凯

数字资源:顾名思义,数字资源就是以数字化形式存在的资源,如DOC、TXT、EPUB或其他格式的资源,也就是我们俗称的电子文档。

数字图书馆:数字图书馆的概念是相对于传统图书馆而言的,包括两个方面:一是传统图书馆中存有数字化资源,图书馆的建筑和其中的计算机是实体的,其所存储的资源是虚拟的;二是图书馆本身就是虚拟的,存在于线上,没有物理空间,只拥有服务器,其资源存储在云端,可以实现线上借阅。

数字出版:从广义上来看,用数字化的手段完成出版的编辑、印刷、发行等各个环节,即称为数字出版,它包含了各种类型产品的数字化手段。如一本纸质书的策划、编辑、发布、销售可以在大数据技术支撑下进行。从狭义上来看,将传统文献数字化,或者某项内容的生产环节的数字化都可以称为数字出版,如形成PDF格式电子书等数字化的产品。

7. 张久珍

数字资源:这么多年,我们读的书大多为纸质书。纸质书经过扫描等技术加工后的数字化成果通常被称为数字资源。当我们提及数字资源的时候,经常强调的是它已经经过数字化,并且可以复制、传播。

数字图书馆:数字图书馆是与传统图书馆相对应的,它通常是利用数字化资源来提供网络化服务。数字图书馆可以通过远程登录,获取图书馆的各种资源,如查阅文献、查询图书馆的讲座等活动安排,这就是数字化服务。关于数字图书馆借阅书籍数量,图书馆在购买资源时会受到一定的限制,例如数字图书馆可以根据用户借阅(下载)的数量设定一个价格,有十位读者和一百位读者借阅数字化文献的价格必然是不同的。

问题二：您是否参与过数字出版或数字图书馆相关项目建设？如果参与过，请您简要描述所参与项目的业务运行流程、环节，运营模式（如信息采编、存储、发布模式）及项目创新点。

1. 刘冰

本人做过相关研究，但没有直接参与相关项目。个人认为，数字出版和数字图书馆在关于数字内容或者数字资源的表达上具有一定关联性。目前数字图书馆在数字资源采集和存储方面，主要模式是购买目前已有的数据库，如超星、知网等数据库的相关数据。此外，一些大型图书馆也对特色馆藏尤其是古籍文献做了大量数字化工作。数字出版则应该根据数字资源的存储与发布特点，进行一定的前置工作，以方便数字资源的多元化利用。

2. 柯平

我虽未直接参与项目，但我对数字出版和数字图书馆领域有深入的研究。我参与过兰州大学数字图书馆项目、天津经济技术开发区建立数字图书馆项目的相关研究工作。这些研究旨在深入了解数字出版和数字图书馆的业务流程、运营模式及创新点。

早期的数字出版与传统出版有明确的区别，主要体现在数字化程度上。传统出版物的数字化有两种形式：一是原样转化，即文字格式未变，只是形态上发生了格式转化，如影印扫描，这类并非真正的数字出版物；二是真正的数字出版，它采用全文检索的形式，将书籍转化为小型数据库，实现了从稿源到加工、生产的全程数字化。而真正的数字出版应从稿源开始就是数字化的，通过作者提供数字化稿件，进行数字化编辑加工，如网刊就是这种形式的体现。然而，专家指出，这种形式仍有所不足，未赋予数字出版真正有价值的东西。

数字图书馆经历了两个主要阶段。第一代是数字资源数据库化,通过大量扫描建立数据库,但功能相对简单。第二代数字图书馆则功能更加多样化,包含元数据及现代技术应用,由数据库转变为平台,整合了导航库、全文库、二次文献库等资源,与资源的关系更加紧密,平台功能更具价值。在数字图书馆的建设过程中,早期流程主要是进行功能需求设计,如确定目标、所需功能以及子系统,然后请专业公司根据设计进行集成,购买相应的软件应用在集成系统中。随着技术的发展,数字图书馆开始购买商业数据库、异构平台等,如知网、万方等,同时与移动平台软件等进行对接。在数字图书馆的资源建设、服务、管理方面,业务流程也发生了变化。以前是通过一个机构进行采分编分流,而现在则实现了功能模块化,可以同步进行,各模块相对独立又相互联系,打破了传统的直线型流程。原先需要机构和人员来完成的工作,现在可以通过平台进行项目化运作。总之,随着技术的不断进步和应用的深入,数字出版和数字图书馆领域将继续发展,为用户提供更加便捷、高效的服务。我将继续关注这一领域的研究,为相关项目的实施提供参考和支持。

3. 王东

是的,我参与过数字出版和数字图书馆相关项目的建设。我参与了科技部的科技支撑计划中的相关课题,并承担了海淀区多个与知识服务平台建设相关的项目,如机构间知识服务平台(鲜知网)。对于这个知识服务平台,我的定位是做内容的审核和编辑。其核心的工作是要做更多元化的知识产品,它包括五种类型,第一种是印刷型知识产品(传统意义上的出版),如印刷型的书刊报、会议论文;第二种是数字型知识产品,包括数据库、知识库等,也包括以硬件为载体的一些形象;第三种是角色型产品,如慕课、在线直播这种技术形成的,是自主型、形成体系化的、以人为核心的,也包括讲座;第四种类型为行为型,如书展、比赛、竞赛、创业活动;第五种为相关服务型,如一些关于硬件设备、相关的技术。

关于平台的运营,我们建立的应该是一个电商平台。让供需双方在这个平台上进行交易。这个电商平台不仅是产业模式的线上活动,更是要扩大产品内涵,缩短产业距离,提高服务效率。具体而言,我们首先应联合上游的各供给单位,不仅是出版社,还包括科技馆、博物馆、电台电视台等内容生产机构,我们把它们融合在一起形成一种工艺,使产品标准化,然后通过这个电商平台,传递到各个机构的知识服务单位,如各级各类的图书馆。

4. 王涛

是的,我参与过一些数字出版和数字图书馆相关项目的建设,主要参与的是古籍类的数据库建设。

项目的业务运行流程主要是将原来的纸质图书通过扫描等手段转换为数字图像文件,再对数字图像进行检查、加工,加入一些书目信息,并将这些内容导入数据库。同时,项目一般要同步进行程序开发,平台前端提供检索、浏览、查询等功能,便于调取数据库中的文献,并通过网络远程访问的形式让读者可以在远程终端上直接阅读这些古籍。

5. 赵英宽

我接触的数字图书馆的概念现在已经很少提了,换个说法,可以称之为数据库。之前读者往往只能通过整本书的方式去检索相关图书,但是随着专业出版社开始做知识服务,往往将一本书拆分成很多的章节,从而弱化书的概念,强化知识服务的理念,许多专业出版社目前在做这类的知识服务和拓展。例如,《新华字典》的数据库服务,可以通过词条的方式进行检索并使用,其盈利模式是每天限制访问数量,超出访问数量按条目收费。

以中医药知识坊项目为例,该项目是将原来两本大的字典做成图书馆

(数据库)。该项目的数字化流程首先是将图书通过技术手段将其条目做成xml、epub的碎片化形式,然后对其条目和关键字进行标引,当我们搜索关键字的时候就可以搜到相关知识条目。其次是进行产品设计,在这个过程中会出现重复修改的问题。由于技术公司可能对产品不了解,或者说是短时间内对它的认知或理解不够充分,所以需要出版社与技术公司合作,编辑或相关的产品设计人员来主导项目的设计工作,设计工作包含了原型设计和UI设计。再次是产品开发,主要是由技术人员主导,产品设计人员提供需求的迭代,以完善产品。最后是产品(基于数据库的知识服务)的运营与推广。以前出版社运营的商品是纸质书,而现在运营的是产品的运营与推广,

关于数字出版的产品内容来源,一种是出版社的一些蓝皮书、年鉴类的图书的数字化;另一种是增加知识服务项目,以提升其教育功能,如在每本书上加一个二维码,来提供纸质图书与数字化图书同步服务、提供知网同步知识服务、连接音视频知识库(数据库)等服务。对于读者而言,其可以通过扫码的形式享受图书馆的知识服务,甚至可以通过扫二维码享受3D形式的图像和音频讲解。

6. 张忠凯

是的,我参与过"国家出版业大数据应用服务重大工程(试点)"项目。该项目是与北京印刷学院合作的。该项目是从大数据的采集、脱敏、分析等入手。以算法为关键点,选择适合的运用场景,开发符合需求的知识服务应用类产品。该项目(职研社)的一期目标是在满足实际产业一线的实际需要的基础上,与优质内容的呈现形式(将图文声像有效组合形成产品形态)相结合,在终端进行发布,成为用户认可、需要并愿意消费的产品。

该项目的创新点在于将大数据应用到传统出版流程中。传统出版中,内容生产者(如出版社)很难定位某一本书的谁在买、谁在看、看的人阅读了多少内容,内容的生产者与消费者之间是断开的。而数字出版可以将内容

生产者与内容消费者(目标读者)之间的匹配推送,提高选题策划的质量,提高市场发行效率,提高经济产值。内容生产者可以了解到生产出的内容究竟是谁在看、看了多少、对这个内容是否感兴趣,这就是数字出版相对于传统出版的创新点所在。数字出版可以促使出版单位和消费者,建立联系,并根据消费者的兴趣进行量身定制,促使出版单位从生产者变成服务者。目前该模式还在探索中。

7. 张久珍

我没有参加过数字出版和数字图书馆相关项目的建设。所以只能泛泛地谈一下我在相关领域的研究。如果泛泛地说数字图书馆,其实数字图书馆是随处可见的。例如中央电视台,每天都有新的节目,它就宛如一个数字图书馆,每天都有视频资料要进行建设,并且要对这些视频等数字资源进行分类、存储、检索、使用,实际上也是数字图书馆的研究范围。

或者像新华社他们在做的一个项目——专家数据库。这个数据库里有1万余名专家,记者需要采访哪些专业的专家,就可以在这个数据库里进行检索,这也算是一种数字出版,提供了知识服务。

问题三：您认为数字出版与数字图书馆在传播手段方面有什么相同点和不同点？

1. 刘冰

相同之处：通过数字资源信息组织为知识的组织构架提供服务，其目的在于保证知识内容的高品质与权威性。

不同之处：数字出版的属性决定了数字出版有盈利的要求，而数字图书馆一般是公益性的；数字出版强调生产过程，数字图书馆强调存储与传播过程。

2. 柯平

相同之处：两者使用的数字化载体、形态上工作对象基本相同，技术上目前也多采用OCR技术和按需出版模式，均以用户为中心，基于用户心理进行设计，其界面友好，都强调知识产权。

不同之处：数字出版更多地考虑成本效益与盈利模式，而数字图书馆的运营大多从公益角度出发而非成本角度（超星等数据库供应商例外）出发；两者运营模式有差别，数字出版要考虑出版流程（申请许可、书号、联系作者等由专业部门处理），数字图书馆则可以直接使用数字资源，同时要考虑节约成本；客户定位不同，数字出版成果是产品，需要面向社会，需要考虑产品及市场定位，而数字图书馆是数字出版的目标客户之一；传统图书馆要制定借阅政策和数字资源供应商谈政策，目前数字资源供应商一类既生产又提供数字资源，另一类从出版社拿资源并进行提供，其经营目的与服务目的不同。而数字图书馆面向读者提供信息服务、知识服务，不再只是简单的借阅服务；数字出版平台不是简单的内容产业，而是文化产业，不该纯粹从产业角度界定,应从文化、思想角度的特殊性考虑,数字图书馆要按照图书馆规律提供相应服务。

3. 王东

数字出版在产业环节中被定义为生产方,生产方主要是把已经生产的内容数字化,还没有达到更高的产品化。从传播的手段来讲,数字出版和数字图书馆如果面对终端读者,都是通过网络信息化传播,这是它们的共性。差异性就是两者的客户对象不一样,数字图书馆对客户的针对性更强,比较具体化服务,就像区域的实体店一样。

4. 王涛

数字出版的目的是出版商将文献以二进制的形式生产出来并最终形成销售,他的销售对象可能既包括最终使用者也包括数字图书馆等机构。为了保证它的数字产品能够销售,数字出版必然采取一些技术和非技术手段,保证这些数字文献只能用于合法用户,其在传播上具有排他性。数字图书馆本身是一个公益机构,它的目的是满足读者的需求,越多的人使用就越能实现其价值,因此它会鼓励读者使用,甚至会采取一些方式,如虚拟专用网络(vpn)等,尽可能地让更多的读者远程使用。

5. 赵英宽

我认识的数字出版包括大众出版、专业出版和教育出版,不同的出版类型具有不同的传播方式。数字图书馆相对于大众出版和专业出版是一种产品形态,它面向的对象更主要的是机构,如高校、图书馆、企业单位等。

数字出版的传播模式是多样性的,数字图书馆作为数字出版的一种产品形式,他的运营模式、推广模式、在市场上的接受程度都是较为固定的。

数字图书馆的数据库也都是相对比较固定的。

数字图书馆是数字出版的一种产品类型。数字出版就相当于出版活动,而数字图书馆就相当于一本书,数字图书馆属于数字出版的一个产品形态,二者是一个层级。

相同点:两者都是通过互联网传播,以阅读终端为营销对象。

不同点:数字图书馆更多的是内容服务,用户通过需求自己查找相关资料。而数字出版是提供主动性服务,出版社开发阅读平台,运用不同的营销手段进行产品推广。

6. 张忠凯

从技术层面来说数字出版和数字图书馆的传播手段区别不大,其所用的技术手段、产品形态也较为相似,可以进行各种组合。谈到区别,数字图书馆本身也是渠道,甚至可以是数字出版的渠道之一或者说用户之一(馆配图书)。二者技术层面相通,但数字出版概念更大。数字图书馆具有公共文化服务职能,国家对文化馆、博物馆、图书馆的支持更偏重社会效益,甚至数字图书馆可以实现某个地区的免费覆盖,而数字出版则很难实现。

7. 张久珍

数字出版和数字图书馆的技术手段并没有太大的区别,都是运用数字化的手段、文化传播的手段。数字出版有属于自己的商业链,数字图书馆也是数字出版的用户,但相对来说没有商业化的部分。例如,今日头条有它自己的运作机制、分发渠道、上传新闻、下载管理都是数字出版,这个概念比较大。二者的不同在于用户的要求不同,数字图书馆和用户之间的关系较为简单。而数字出版单位有自己的盈利模式,需要进一步地了解用户的需求。

问题四：您认为数字出版与数字图书馆在哪些方面可以互补，哪些方面存在竞争？

1. 刘冰

我认为两者之间更多的是互补的关系。例如，数字图书馆掌握了大量读者阅读行为及偏好的大数据，数字出版方如果获得此类数据，将有助于了解读者阅读偏好，决定其出版内容及形式。

2. 柯平

两者既有互补也有竞争，同时也存在一些弊端。

互补：数字图书馆的数字资源主要来源于数字出版，数字资源质量受制于数字出版质量，而数字出版的产品类型、产品质量也会对数字图书馆产生影响。二者在技术、方法上均可以互补。此外，数字图书馆的元数据技术、语义技术也可以用在数字出版的语义出版中。

竞争：数字出版有中间商（可以存在或不存在），其最大的竞争可能来自数字图书馆出版，如国外的一些数字图书馆自己具有资源，直接做原创出版，数字图书馆开始具有出版功能。开放获取（OA）也是对数字出版的冲击，OA可以提供发表功能、自由存取，开放获取期刊、数据库（IR），从而争夺读者与资源市场。数字图书馆前期是买别人的资源，如今功能日渐强大，其用户也能生成资源（自动），其用户既是资源利用者又是生产者，用户与作者界限模糊。此外，数字出版与数字图书馆也有一定竞争关系，数字出版目前大多是生产线，其未来趋势是平台化，那么数字出版平台就既可以知识生产也可以进行知识服务。

弊端：数字图书馆目前仍依附于传统图书馆，不愿脱离传统图书馆，传统出版链条无法打破，目前只能实行并行融合发展道路。

3. 王东

我认为二者之间互补性更强一些。数字出版的产品形态越多,数字图书馆的内容建设就越丰富。反之,数字图书馆需求越旺盛,数字出版的产品化越明确。另外,从竞争层面来讲,二者是供需之间的竞争。这种竞争不是针锋相对的,而是一种相互提携的竞争,是一种相互支撑的竞争。这样的一种态势,不管哪一方面做得好了,另一方面也会向前发展。数字图书馆就是数字出版的一个机构用户,知识传递可以通过机构用户传递到读者。

4. 王涛

数字出版是生产,数字图书馆是销售,生产需要了解市场,市场需要了解哪些图书、哪些作者最受欢迎,哪些读者喜欢哪些读物等信息,这是数字图书馆可以提供的,数字图书馆要开展更好的数字知识服务,依赖于数字出版提供高质量的产品,同时数字出版需要满足数字图书馆一些需求,如借阅统计及一些数字图书馆的标准规范。总体上,数字图书馆虽然会有一些自建的数字内容,但其自身并不是数字出版机构,其在规模和持续性上应该无法和专业出版商竞争,从未来的发展来看,不排除数字出版会寻找到新的免费的模式,如果能够寻找到一种免费的商业模式,那么数字出版就有可能会对数字图书馆的某些服务产生竞争。

5. 赵英宽

二者既有互补也有竞争。

互补:数字图书馆拥有收购所需要的数字资源并提供服务的能力。

竞争:数字图书馆会引入出版社所建平台的用户的数字资源,如数字图书馆的用户,已经获得了某本书的电子资源,那么数字图书馆就不需要再从电商或出版社等平台去购买,这就会出现一些竞争。而出版社将数字资源授权给数字图书馆有利有弊,虽然会影响出版社(出版公司)的经济效益,但是出版社也可以通过这种方式让其出版的图书进入大众视野,以提升其自身的社会效益和经济效益。

6. 张忠凯

我认为数字出版与数字图书馆存在同质性,二者存在竞争可能是伪命题。数字出版可以生产数字资源,而数字图书馆可以作为数字出版前端发布数字资源的平台。数字出版的具体工作包括四个方面:数字加工、资源管理、协同编辑、产品发布。而数字图书馆没有协同编辑环节,但其他部分与数字出版共有。虽然数字图书馆将电子书借给用户的行为会使数字出版物的购买者减少,但数字图书馆本身就是数字出版的消费者之一,数字图书馆有技术手段可以管控数字图书馆的分发量。

7. 张久珍

我认为两者应开展资源共享,是一种互补关系。数字出版作为数字资源分发的上游,而数字图书馆可以让其出版的内容被读者看到,为数字出版起到了一种宣传作用,使数字出版的资源具有可见性,所以双方可以形成一种互补关系。

如果说两者存在竞争关系,我个人认为两者之间并无太多竞争,双方应该好好合作。有人认为数字图书馆参与数字出版,对数字出版造成了威胁。其实这个条件是不成立的,因为数字图书馆作为中介,为数字出版提供了展示的舞台。例如,国家图书馆出版社出版的民国老报刊,其购买的都是机构用户,虽然其也做了出版,但是它不直接针对个人用户,而是和机构之间形成了资源共享。此外,由于数字图书馆不具备营利性,所以如果用户将自己的内容发布在图书馆平台,而非出版社,但是规模较小,不会对出版构成竞争。

问题五：您认为数字出版与数字图书馆如果进行融合，技术上应采取什么方式实现？

1. 刘冰

数字出版与数字图书馆应该进行融合，谈到技术，由于数字资源复制成本低，容易出现侵权行为，因此数字版权技术是二者融合的必须应用的技术。此外，我认为元数据、CNMARC标准、OCR技术等也是两者融合中使用的常见技术。

2. 柯平

个人认为数字出版与数字图书馆可以开展跨界融合，并在技术上构建融媒体、全媒体环境。目前数字资源平台上的资源大多是孤立而分离的，未来可以考虑进行融合，如两者共建平台，分工合作。共建平台可以让两者获取既得利益，共同分享成果。具体而言，可以采取社会资本介入的方式（外包），数字图书馆可以将工作外包给数字出版，两者通过大数据、元数据等方式进行融合。换言之，基础数据工作交给数字出版，知识服务交给图书馆，以增加其附加值。此外，数字阅读市场很大，双方都在争取读者市场。基于此，在数据加工工作中数字出版与数字图书馆应联合开展标准化、减少异构资源等工作。总之，开展技术标准化对数字出版和数字图书馆都有利，未来二者必将融合，并进一步趋同发展。

3. 王东

我们先不谈技术层面本身，就谈模式层面。我们做的鲜知网，就想实现这样一个目标，即成为在数字化信息手段下形成的中介平台。目前将传统出版和图书馆联系在一起的是馆配商,那么未来数字出版和数字图书馆中间也可以有一个电商平台扮演同样的角色,承担同样的功能。

4．王涛

数字出版与数字图书馆如果要进行融合,在技术上就需要采取统一的标准开展数据资源建设,数字出版物必须符合数字图书馆的技术标准,这样所有的数字出版物就可以统一地放入数字图书馆的平台上,提供知识服务。目前来看以epub的标准格式加工的电子书可以满足数字图书馆的需求。

5．赵英宽

数字出版与数字图书馆的融合在技术上主要是需要通过数据对接的方式,以及对业务系统的衍生操作,将数字出版(出版社)的资源和数字图书馆(数据库)联合起来。数字图书馆的外形是相同的,但是内容是不同的,不同的数字图书馆会根据自己的需要选取书单,获得授权,提供知识服务。此外,数字图书馆的远程操控由出版平台和技术人员共同进行。二者融合使流程得到了简化,同时也会减少成本。

6．张忠凯

数字出版与数字图书馆的融合涉及数据库的数据拆分重组,形成新的主题数据库、知识条目、定制服务等,如社会科学文献出版社皮书数据库面向所有数字图书馆进行销售。数字出版领域一些具有同类内容资源的出版社通过联盟,实现资源互补的数据,这是数字出版内部资源的整合,并统一向图书馆进行资源营销(如地质出版社、林业出版社、矿业大学出版社、海洋出版社等出版机构可以联合形成自然资源数据库)。数字图书馆与数字出版二者本质上是两个机构,而非一个机构。从性质上说,数字图书馆存在公益性,不是企业,不以逐利为目的。图书馆存在的意义是倡导全民阅读,通过政府提供的资金提供免费借阅,提高国民素质。数字图书馆大多是公共文化事业单位,数字出版平台大多是企业所建,二者之间应通过融合来更有效地合作。

7. 张久珍

个人认为数字出版与数字图书馆想进一步融合的话,应由数字图书馆打造数字资源平台,数字出版方作为上游企业,提供更多的资源、数据、信息,共同建设数字资源平台。如现在的故宫、国博等文化单位也在搞数字出版,它们可以基于其自身的文化资源优势,面向较大的用户群进行开发。数字出版和数字图书馆进行融合是因为看中了图书馆的良好平台,借助数字图书馆的平台可以让更多人看到数字出版的作品,起到宣传作用,可以使本来不为人所知的作品被读者发现。

关于二者的融合机制,主要是两个系统的对接。技术方面不难,首先是数字出版方书目数据与数字图书馆的对接。在这里倡导,如果数字图书馆的资金有限,数字出版方可以免费提供一些免费资源如简介、样章等,二者的融合是有价值的。但要解决数字出版方的商业壁垒问题,如目前各大阅读网站的电子书,只能在对应的硬件上阅读,中国知网下载的论文只能在中国知网的阅读软件上打开。因此建议二者可以共同建立一个一站式的平台并提供专门进行跨库检索的工具,使得数字图书馆可以通过某一种软件破解商业壁垒,能够进行跨库检索,利用技术手段抓取不同的数据格式,使读者能够忽略信息资源背后的数字出版方的差异,而获得需要的数字资源。

问题六：您认为数字出版与数字图书馆互相融合后是否能简化流程，提高效率？如果能，应采取何种运营方式或社会服务更有效率？

1．刘冰

我认为数字出版与数字图书馆互相融合后能简化流程，提高效率。数字出版与数字图书馆融合可以解决出版商赚差价问题，有利于社会知识的出版与传播，能够降低社会公众获取知识成本，图书馆节省下来的经费，可以将其用于购买更多数字资源上，给读者提供更完善的、更深层次的定向服务，使读者在最短的时间内获取新知识，并能促进阅读方式的多样化，还可以改善阅读碎片化的阅读习惯，通过为读者提供知识图谱，使读者的阅读更深入、更具有系统性。

2．柯平

个人认为数字出版与数字图书馆互相融合后，部分流程可以简化。二者首先应更多开放，开放有利于融合，并向大数据方面靠拢，包括大数据的分析应用、图书馆智能技术（机器人咨询）应用、web2.0 和 web3.0 的应用，用户的参与程度就会越来越高。政府和社会资本合作模式下，数字出版机构允许构建公益机构，数字图书馆允许构建盈利模式。两者多元化、复合运作，以用户、效能为导向，将加工对象变成数据，将知识生产应用在数字出版中，用户成为数字出版与图书馆一部分，使用户成为图书馆第三类员工（正式员工为第一类员工，志愿者为第二类员工）数字出版与数字图书馆互相融合必然会简化流程，提高效率。

3．王东

个人认为数字出版与数字图书馆互相融合后能够优化流程和服务，促进信息对称。要使信息更对称,流程更简化,可能在一种电商平台的模式下运营会更有效率。但是主导者一定是社会企业来做的,而不是一个政府职能部门来做,当然这个平台一定要在相关机构的监督下运营。

4. 王涛

融合后减少了出版商与图书馆之间的磨合,能够统一化操作,会提高效率。如果融合,也许可采取国家购买版权的方式,即出版商一次性将数字版权授予数字图书馆开展服务,按照数字图书馆提供访问的次数付费。

5. 赵英宽

数字出版与数字图书馆互相融合后可能会为数字图书馆提供更多的优质资源,数字图书馆也能够对数字出版进行资源上的补充和支撑。

6. 张忠凯

关于数字出版,目前存在数据资源供给侧与需求侧二者之间发展不平衡不充分的现状,好的资源没有形成好的内容表现形式,没有受到用户认可。面对这一问题,数字出版与数字图书馆的融合必然能简化流程,提高效率。具体而言,数字图书馆作为发布方,应更多要根据用户需求与数字出版方合作,提高自身产品质量,努力生产用户认可的知识产品。而数据资源的加工,不是简单地将传统的优质资源内容进行数字化,将其平移过来形成电子书,就能生产出优质产品。要生产出优质产品应掌握用户的阅读习惯,并进行匹配推送。做到"四精":精美内容、精细加工、精致服务、精准推送。只有数字图书馆才能通过收集相关数据,准确掌握读者的阅读习惯,实现精准推送,因此数字出版与数字图书馆的融合势在必行。

7. 张久珍

如果双方共同调整运营方式,二者的融合可以简化流程,提高效率。如果数字图书馆参与数字出版运营,能够在数字图书馆这个平台上实现学术论文的数字出版功能,那么作者的论文可以直接投稿给数字图书馆,通过图书馆进行数字出版,就能够提高学术出版的效率。

但目前想改变传统的出版流程还具有一定难度。数字图书馆和数字出版方都难以促成这一合作,可能需要依靠第三方。随着技术的发展,未来也许会出现一个既不是数字图书馆,也不是数字出版方的一种新的形式。就如同快递替代了一些传统的邮局邮寄形式一样,只不过这种新形式将传递的不是快递实体,而是知识与信息。它不是一个中介的性质,而是一个平台,能够满足人们获取知识的需求。

问题七:您认为数字图书馆是否应该考虑经济效益,采取收费模式运作?

1. 刘冰

公共图书馆具有公益性,不应该收费,但是也要考虑其运营成本等经济要素。数字图书馆从内容收集存储到用户服务,都需要大量的软硬件的支持,因此要考虑成本投入和产出效益的对比。

2. 柯平

数字图书馆具有公益性,对大众性的一般服务、文献服务、信息服务不收费,对高端服务收费(高端人才的智力劳动成本的回收),馆员的智力劳动(审查),如图书馆专利代理针对某些用户的特定服务收费(面向有需求的少数人群形成知识产品),产学研结合,图书馆强调免费、公平,人人都有获取的权利(图书馆五原则)。但数字图书馆也该有产品意识,数字图书馆应该考虑经济效益和社会效益,两者的辩证关系如硬币的两面,只有相互结合才能发挥更大的价值。社会效益好,经济效益也不会差,不能将经济效益孤立化。

3. 王东

数字图书馆是一个社会的公益部门,是事业单位的一个组成部分,经济效益不是它的核心。但是我认为从经济效率来讲,数字图书馆也应该考虑的其投入产出比。此外对于数字图书馆决策评价指标体系的考虑,我觉得是有必要的。其考核指标不在于它盈利了多少,而在于数字图书馆的投入带来了多少社会价值,这才是关键。

4. 王涛

数字图书馆不应该考量经济效益,但是应当考虑服务效果,这样才能保证数字图书馆购买的数字产品真正能够被有效利用,从而实现数字图书馆自身的社会价值。但数字图书馆如果直接采取收费模式,则会与图书馆本身设立的平等获取信息的初衷相违背,丧失其对知识产权制度的弥补作用,从而产生负面影响。

5. 赵英宽

这主要是看数字图书馆的管理单位,公共图书馆一般都是免费的。如学校图书馆,它仍然具有公共的属性,会较少考虑经济效益,而咖啡馆里的图书馆就会考虑经济效益,所以主要还是看图书馆的管理单位的性质。如果数字图书馆中的期刊内容超出图书馆的服务范围,那么相关服务就应当考虑收费。如果说起公共图书馆的社会属性,那么它一定是惠民的,应当多做一些普及推广的活动,相当于网络共读。网络共读现在已经是一种营销手段。共读是通过共同的内容,可以让更多的人产生共鸣,与最早的圈子、豆瓣相类似,也与众筹有点类似。

6. 张忠凯

我认为应该考虑数字图书馆的经济效益,但不能把这种考量作为唯一手段。数字图书馆对自己的定位首先应该是做一个优秀的、能够全民阅读的文化主阵地,这是数字图书馆的职能。这说明对数字图书馆的考量不以经济效益为主,而应以社会效益为主。如服务了多少人群、每年有多少优质内容补充进来,是否通过服务进一步提高用户的使用效率或质量,并在此基础上可以考虑经济收入问题。一个好的数字图书馆首先应该成为文化主阵地,其次才是成为一个好的市场主体。应该以社会效益为主,经济效益也要适度考虑,但不能以逐利为主要目的。如读者借阅图书后如果需要图书馆搜集某个特定主题的内容,图书馆可以收费,即对于代替用户进行内容检索、筛选等服务性工作可以进行有偿服务。

7. 张久珍

数字图书馆收费肯定不可取。现在有许多机构名为图书馆,却做了许多盈利的事情,这种机构不是我们所说的图书馆。图书馆就是具有公益性的,是将知识免费提供给读者的。但值得注意的是,图书馆可以对自己馆藏资源进行数字化开发,就像文创产品。我的馆藏资源具有独占性,我将其授权给出版社,但我的原件还是进行免费借阅的。我将数字资源卖给出版社,收取一定的费用。而且图书馆可以收取底本费,这是国家所允许的。如果将图书馆的古籍进行海外展览,可以收取展览费用。很多图书馆的馆藏资源具有一定的独占性。除此之外,如果我有一套书,我对这套书进行索引工作,那么我的馆藏资源可以免费开放。但制作出的索引需要收费,这一点相当于馆藏资源的进一步开发利用。

问题八:关于数字出版与数字图书馆的其他观点

1. 刘冰

从"竞合论"角度出发,双方不该是零和博弈,应采取先行合作共赢,将规模做大,再讨论利益分配问题。

2. 柯平

目前是转型期,应双轨制运行。在技术和经济环境的背景下,应该首先把数字出版产业化,做大做强。为了迎合读者数字化、碎片化阅读习惯,应将数字图书馆的内容产品进一步碎片化,做到知识单元化与体系化相结合,分子化与集成化相结合,为读者提供多线程、跳跃式阅读产品。在数字出版的发展过程中,也存在一些需要注意的伴生问题,如数据分析不到位、互联网相关法律不健全、知识产权意识低、法律管控政策引导不到位等。

3. 赵英宽

数字图书馆现在已经比较成型,服务模式也比较固定。但数字图书馆与数字出版之间的主要边界(间隙)还是比较大,可能不存在融合或者不融合的问题,数字图书馆和数字出版目前还处于一个从属关系,不是一种横向的比较。数字图书馆的所有内容几乎全来源于纸书,只有数字出版才会有编校流程。

4. 张久珍

目前关于数字出版和数字图书馆相关课题的问题尚停留在宏观层面,建议借鉴哈佛图书馆的数字出版成果,对国内外的案例进行深入分析,才能使研究更加完善。也可以考虑做出一个具备可复制性的范例,直观呈现出这就是融合,这就是好处。当然也需要适当指出相应的困难,如某些单位拒绝合作等。